DAS GROSSE BILDWÖRTERBUCH ENGLISCH

DAS GROSSE BILDWÖRTERBUCH

ENGLISCH

MEINE ERSTEN 1111 WÖRTER

ANACONDA

Übersetzung des Vorworts von NiLa.

Die Deutsche Nationalbibliothek verzeichnet diese Publikation in der Deutschen Nationalbibliografie; detaillierte bibliografische Daten sind im Internet unter http://dnb.d-nb.de abrufbar.

Translated from the original: 1111 anglických slovíček
Author: Antonín Šplíchal

Published by arrangement with Albatros Media a. s., Prague through JNJ Agency

Umschlaggestaltung: www.dya.de unter Verwendung der Umschlagillustration der Originalausgabe
Satz: InterMedia – Lemke e. K., Ratingen
Printed in Czech Republic 2016
ISBN 978-3-7306-0382-6
www.anacondaverlag.de
info@anacondaverlag.de

Liebe Kinder,

ohne Fremdsprachenkenntnisse ist es heute schwer, durchs Leben zu gehen. Die am weitesteten verbreitete Sprache ist Englisch. Sie wird fast auf der ganzen Welt gesprochen.

Je früher ihr anfangt, desto eher werdet ihr die Sprache verstehen und sprechen. Und mit diesem fröhlichen Bildwörterbuch wird das Lernen nie langweilig! Außerdem helfen die Bilder, euch besser an die Wörter zu erinnern. Wenn ihr fleißig seid, dann könnt ihr so bald mehr als 1111 Wörter lernen – und das ist schon eine sehr gute Grundlage! Mit euren Englischkenntnissen könnt ihr z. B. viele neue Freundinnen und Freunde im Ausland kennenlernen.

Viel Spaß beim Lernen eurer ersten 1111 Wörter auf Englisch!

THE ENGLISH ALPHABET
[ði ˈɪŋglɪʃ ˈælfəbet]
DAS ENGLISCHE ALPHABET

A a [eɪ]
B b [bi:]
C c [si:]
D d [di:]
E e [i:]
F f [ef]
G g [dʒi:]
H h [eitʃ]
I i [aɪ]
J j [dʒeɪ]
K k [keɪ]
L l [el]
M m [em]
N n [en]
O o [əʊ]
P p [pi:]
Q q [kju:]
R r [ɑ:ʳ]
S s [es]
T t [ti:]
U u [ju:]
V v [vi:]
W w [ˈdʌbl̩ju:]
X x [eks]
Y y [waɪ]
Z z [zed]

NUMBERS [ˈnʌmbəz]
ZAHLEN

cardinal [ˈkɑ:dɪnəl] Grundzahl

1 one [wʌn] eins
2 two [tu:] zwei
3 three [θri:] drei
4 four [fɔ:ʳ] vier
5 five [faɪv] fünf
6 six [sɪks] sechs
7 seven [ˈsevən] sieben
8 eight [eɪt] acht
9 nine [naɪn] neun
0 zero [ˈzɪərəʊ] null
10 ten [ten] zehn
100 one hundred [wʌn ˈhʌndrəd] einhundert
1000 one thousand [wʌn ˈθaʊzənd] eintausend
1000 000 one million [wʌn ˈmɪljən] eine Million

ordinal [ˈɔ:dɪnəl] Ordnungszahl

1. first [fɜ:st] erste/-r/-s
2. second [ˈsekənd] zweite/-r/-s
3. third [θɜ:d] dritte/-r/-s
4. fourth [fɔ:θ] vierte/-r/-s
5. fifth [fɪfθ] fünfte/-r/-s
6. sixth [sɪksθ] sechste/-r/-s
7. seventh [ˈsevən(t)θ] siebte/-r/-s
8. eighth [eɪtθ] achte/-r/-s
9. ninth [ˈnaɪn(t)θ] neunte/-r/-s
10. tenth [ten(t)θ] zehnte/-r/-s

Aa

to be absent [tu biː ˈæbsənt]
fehlen, abwesend sein

accident [ˈæksɪdənt]
Unfall

to add [tu æd]
hinzufügen, dazugeben

adult [ˈædʌlt]
Erwachsene/-r

adventure [ədˈventʃəʳ]
Abenteuer

to be afraid [tu biː əˈfreɪd]
Angst haben,
sich fürchten

Africa ['æfrɪkə]
Afrika

African ['æfrɪkən]
Afrikaner/-in

after ['ɑːftəʳ]
nach(her), später

against [ə'gen(t)st]
gegen

age [eɪdʒ]
Alter

AIRPORT [ˈeəpɔ:t]
FLUGHAFEN

gate [geɪt]
Flugsteig

passenger stairs [ˈpæsəndʒəʳ steəʳz]
Fluggasttreppe

pilot [ˈpaɪlət]
Pilot/-in

stewardess [ˈstju:ədes]
Stewardess

arrival [əˈraɪvəl]
Ankunft

departure [dɪˈpɑ:tʃəʳ]
Abflug

passport control [ˈpɑ:spɔ:t kənˈtrəʊl]
Passkontrolle

security check [sɪˈkjʊərəti tʃek]
Sicherheitskontrolle

baggage claim [ˈbægɪdʒ kleɪm]
Gepäckausgabe

flight information [flaɪt ˌɪnfəˈmeɪʃən]
Flugberatung

check-in [ˈtʃekɪn]
Abflugschalter

AIRPORT [ˈeəpɔ:t]
FLUGHAFEN

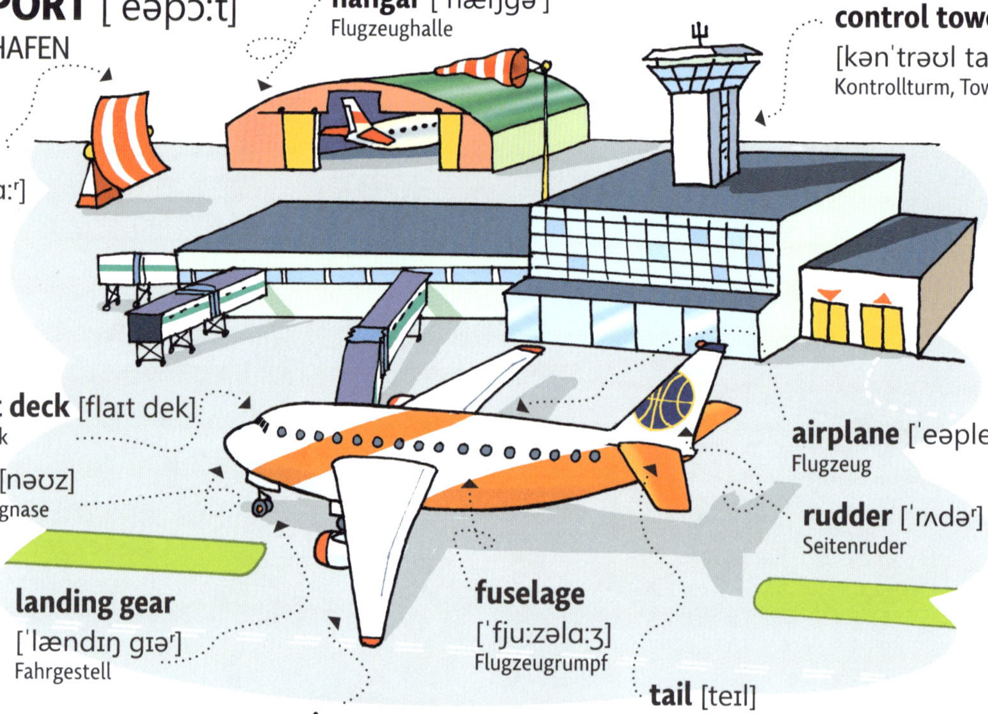

alarm clock
[əˈlɑːm klɒk]
Wecker

album [ˈælbəm]
(Foto-)Album

all [ɔːl]
alles

alone [əˈləʊn]
allein

ambulance
[ˈæmbjələn(t)s]
Krankenwagen

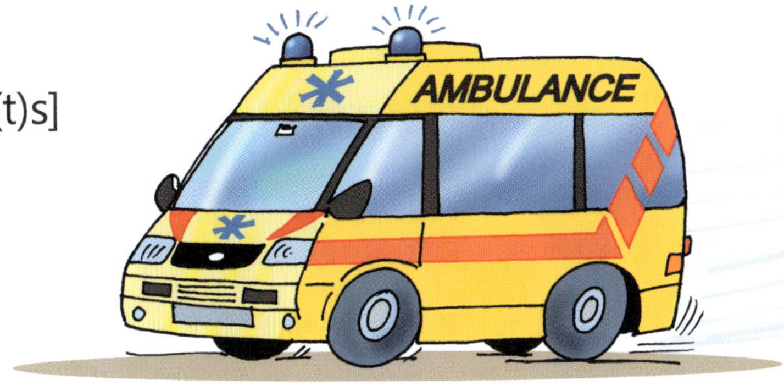

angel
[ˈeɪndʒəl]
Engel

angry [ˈæŋgri]
wütend

ANIMALS – DOMESTIC [ˈænɪməlz – dəˈmestɪk]

HAUS- UND NUTZTIERE

cow [kaʊ]
Kuh

cat [kæt]
Katze

goose [gu:s]
Gans

pig [pɪg]
Schwein

duck [dʌk]
Ente

goat [gəʊt]
Ziege

dog [dɒg]
Hund

horse [hɔ:s]
Pferd

rabbit [ˈræbɪt]
Kaninchen

donkey [ˈdɒŋki]
Esel

rooster, cock [ˈru:stəʳ, kɒk]
Hahn

hen [hen]
Huhn, Henne

sheep [ʃi:p]
Schaf

ANIMALS – WILD [ˈænɪməlz – waɪld]

WILDE TIERE

squirrel [ˈskwɪrəl]
Eichhörnchen

bear [beə^{r}]
Bär

fish [fɪʃ]
Fisch

wolf [wʊlf]
Wolf

fox [fɒks]
Fuchs

frog [frɒg]
Frosch

owl [aʊl]
Eule

ant [ænt]
Ameise

bird [bɜːd]
Vogel

mouse [maʊs]
Maus

deer [dɪə^{r}]
Hirsch

boar [bɔː^{r}]
Wildschwein

hedgehog
[ˈhedʒhɒg]
Igel

ANIMALS – ZOO [ˈænɪməlz – zuː]

TIERE IM ZOO

zebra [ˈzebrə]
Zebra

panda [ˈpændə]
Panda

penguin [ˈpeŋgwɪn]
Pinguin

elephant [ˈelɪfənt]
Elefant

tiger [ˈtaɪgəʳ]
Tiger

parrot [ˈpærət]
Papagei

octopus [ˈɒktəpəs]
Tintenfisch

monkey [ˈmʌŋki]
Affe

kangaroo [ˌkæŋgərˈuː]
Känguru

giraffe [dʒɪˈrɑːf]
Giraffe

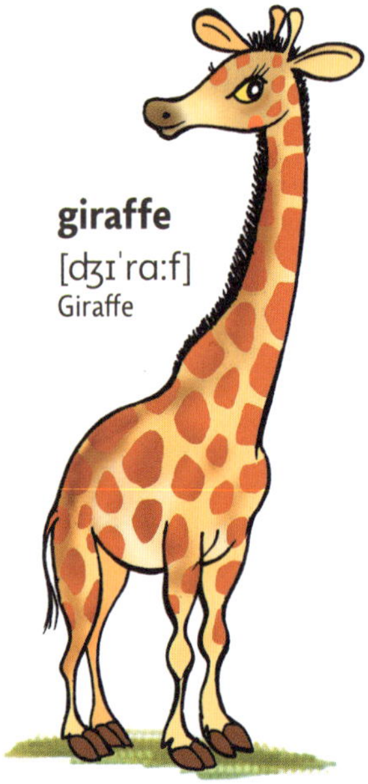

lion [ˈlaɪən]
Löwe

whale [(h)weɪl]
Wal

to answer
[tu ˈɑːn(t)səʳ]
antworten

to ask
[tu ɑːsk]
fragen

armchair
[ˈɑːmtʃeəʳ]
Sessel

to be asleep [tu biː əˈsliːp]
schlafen

to be awake [tu biː əˈweɪk]
wach sein

astronaut
[ˈæstrənɔːt]
Astronaut/-in

award [əˈwɔːd]
Preis

axe [æks]
Axt

B b

bad [bæd]
schlecht, böse

bag [bæg]
Tasche

bakery [ˈbeɪkəri]
Bäckerei

ball [bɔ:l]
Ball

balloon [bəˈlu:n]
(Luft-)Ballon

bandit [ˈbændɪt]
Bandit/-in,
Gangster/-in

bank [bæŋk]
Bank

basket [ˈbaːskɪt]
Korb

to take a bath [tu teɪk ə baːθ]
baden

beach [biːtʃ]
Strand

beard [bɪəd]
Bart

beautiful
[ˈbjuːtɪfəl]
schön

bed [bed]
Bett

bee
[biː]
Biene

beetle
[ˈbiːtl̩]
Käfer

behind [bɪˈhaɪnd]
hinter

below
[bɪˈləʊ]
unter, unten

beside [bɪˈsaɪd]
neben

between
[bɪˈtwiːn]
zwischen

bell [bel]
Glocke

bench [bentʃ]
Bank

belt [belt]
Gürtel

BICYCLE [ˈbaɪsɪkḷ]
FAHRRAD

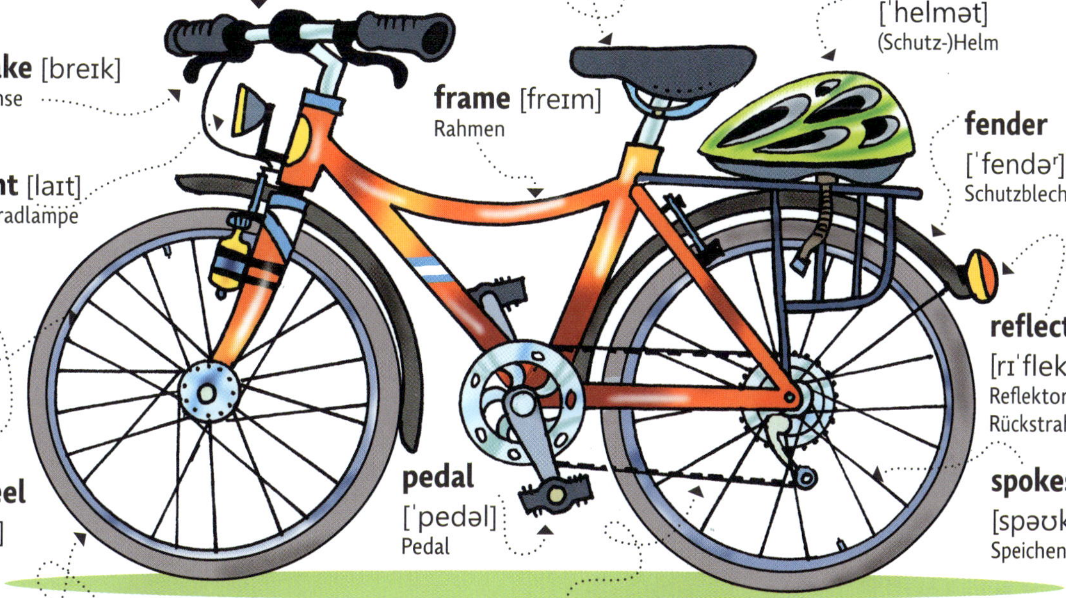

handlebar [ˈhændlbɑːʳ]
Fahrradlenker

seat [siːt]
Sattel

helmet [ˈhelmət]
(Schutz-)Helm

brake [breɪk]
Bremse

frame [freɪm]
Rahmen

fender [ˈfendəʳ]
Schutzblech

light [laɪt]
Fahrradlampe

reflector [rɪˈflektəʳ]
Reflektor, Rückstrahler

wheel [wiːl]
Rad

pedal [ˈpedəl]
Pedal

spokes [spəʊks]
Speichen

tyre [taɪəʳ]
Reifen

chain [tʃeɪn]
Fahrradkette

big [bɪg]
groß

birthday [ˈbɜːθdeɪ]
Geburtstag

blond [blɒnd]
blond

blood [blʌd]
Blut

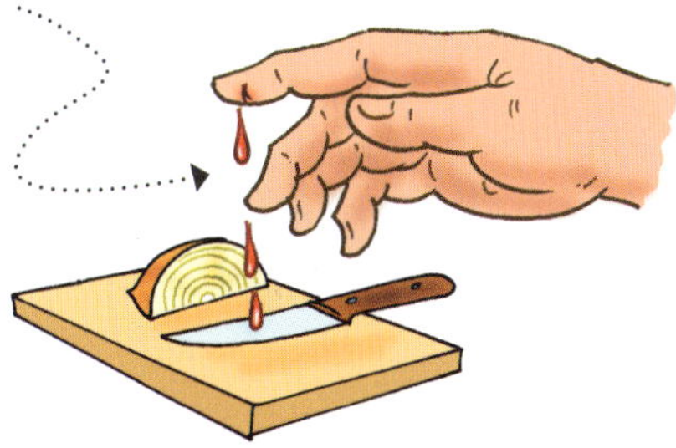

to bloom [tu blu:m]
blühen

blossom
[ˈblɒsəm]
Blüte

to blush [tu blʌʃ]
erröten

board [bɔ:d]
Brett

BOAT [bəʊt]
BOOT

BODY [ˈbɒdi]
KÖRPER

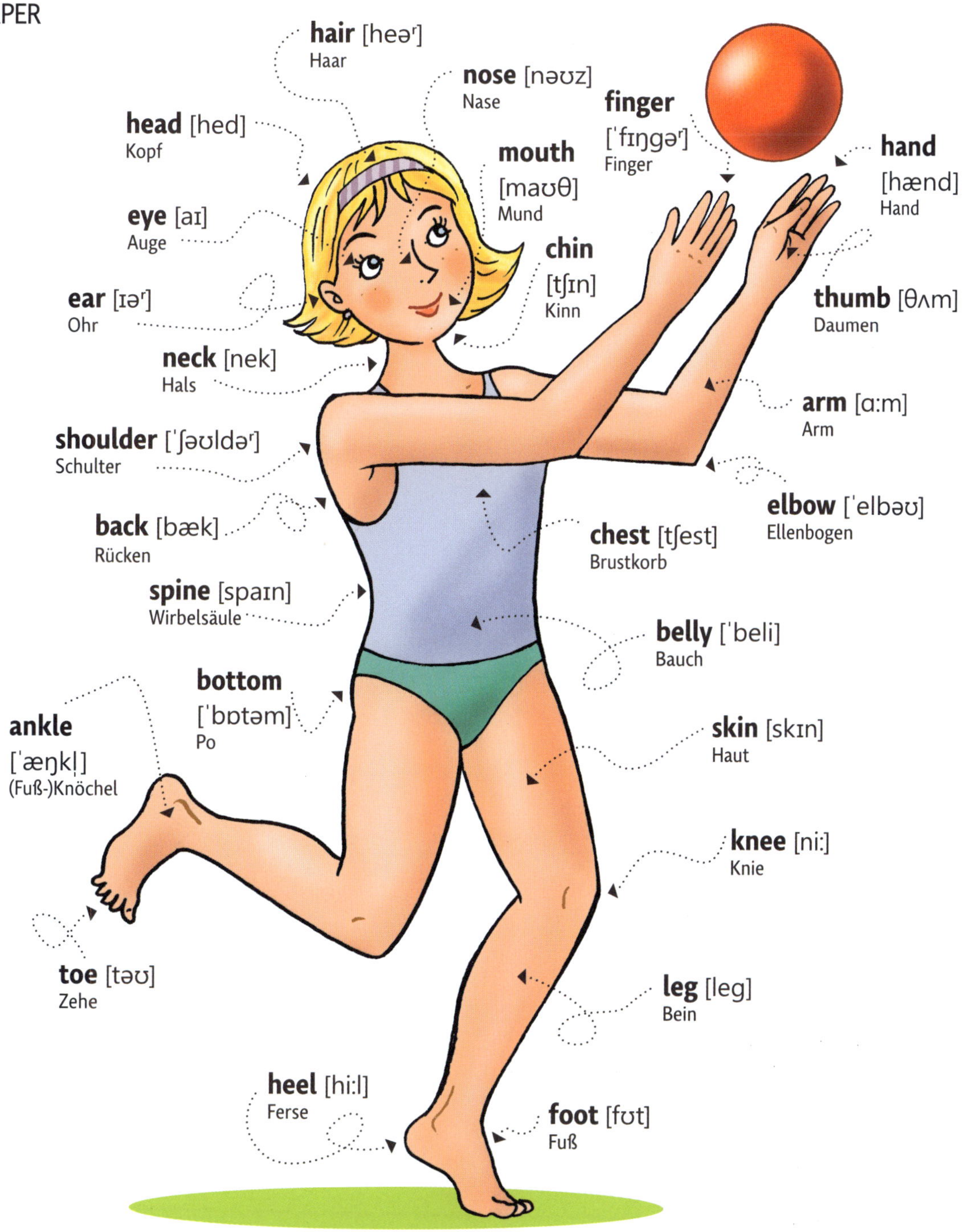

bone [bəʊn]
Knochen

book [bʊk]
Buch

bottle [ˈbɒtl̩]
Flasche

boy [bɔɪ]
Junge

BREAKFAST
[ˈbrekfəst]
FRÜHSTÜCK

rolls [rəʊlz]
Brötchen

jam [dʒæm]
Marmelade

milk [mɪlk]
Milch

ham [hæm]
Schinken

egg [eg]
Ei

pie [paɪ]
Kuchen

cheese [tʃiːz]
Käse

tea [tiː]
Tee

butter [ˈbʌtəʳ]
Butter

honey [ˈhʌni]
Honig

bread [bred]
Brot

bride and groom
[braɪd ænd gru:m]
Braut und Bräutigam

bridge [brɪʤ]
Brücke

brush
[brʌʃ]
Pinsel, Bürste, Handfeger

to build [tu bɪld]
bauen

to burn [tu bɜ:n]
(ver)brennen

bus [bʌs]
Bus

butterfly
[ˈbʌtəflaɪ]
Schmetterling

button
[ˈbʌtən]
Knopf

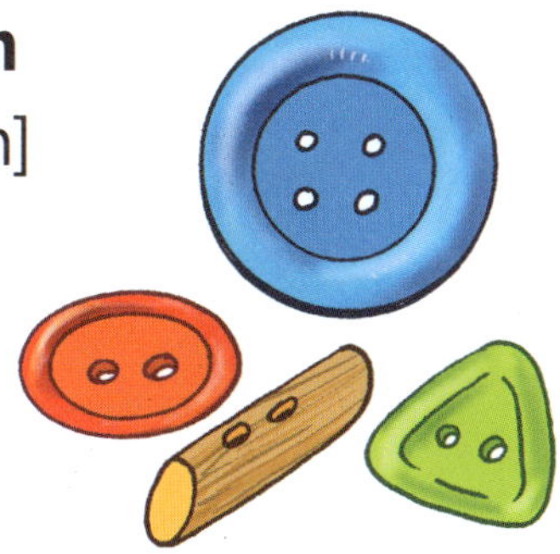

Cc

calendar [ˈkæləndəʳ]
Kalender

to call [tu kɔ:l]
(an)rufen

camel
[ˈkæməl]
Kamel

camera
[ˈkæmərə]
Kamera

candle [ˈkændḷ]
Kerze

canoe [kəˈnu:]
Kanu

cap [kæp]
Kappe

CAR [kɑːʳ]
AUTO

wiper
[ˈwaɪpəʳ]
Scheibenwischer

windscreen
[ˈwɪndskriːn]
Windschutzscheibe

roof
[ruːf]
Dach

fuel tank
[ˈfjuːəl tæŋk]
Treibstofftank

rear window
[rɪəʳ ˈwɪndəʊ]
Heckfenster

trunk, boot
[trʌŋk, buːt]
Kofferraum

hood, bonnet
[hʊd, ˈbɒnɪt]
Motorhaube

brake light
[breɪk laɪt]
Bremslicht

indicator
[ˈɪndɪkeɪtəʳ]
Blinker

engine
[ˈendʒɪn]
Motor

bumper
[ˈbʌmpəʳ]
Stoßstange

exhaust pipe
[ɪgˈzɔːst paɪp]
Auspuffrohr

door-handle
[dɔːʳ ˈhændḷ]
Türgriff

door lock
[dɔːʳ lɒk]
Türschloss

license, number plate
[ˈlaɪsən(t)s, ˈnʌmbəʳ pleɪt]
Nummernschild

headlight
[ˈhedlaɪt]
Scheinwerfer

side mirror
[saɪd ˈmɪrəʳ]
Seitenspiegel

steering wheel
[ˈstɪəʳɪŋ wiːl]
Lenkrad

rear-view mirror
[rɪəʳ vjuː ˈmɪrəʳ]
Rückspiegel

radio
[ˈreɪdiəʊ]
Radio

glove compartment
[glʌv kəmˈpɑːtmənt]
Handschuhfach

speedometer
[spiːˈdɒmɪtəʳ]
Tachometer

dashboard
[ˈdæʃbɔːd]
Armaturenbrett

indicator switch
[ˈɪndɪkeɪtəʳ swɪtʃ]
Blinkerhebel

air conditioning
[eəʳ kənˈdɪʃənɪŋ]
Klimaanlage

horn [hɔːn]
Hupe

clutch
[klʌtʃ]
Kupplung

brake
[breɪk]
Bremse

accelerator
[əkˈseləreɪtəʳ]
Gaspedal

gear shift
[gɪəʳ ʃɪft]
Gangschaltung

hand brake
[hænd breɪk]
Handbremse

front/back seat
[frʌnt/bæk siːt]
Vordersitz/Rücksitz

cards [kaːdz]
Kartenspiel

cash [kæʃ]
Bargeld

castle [ˈkaːsl̩]
Burg, Schloss

to catch [tu kætʃ]
fangen

caterpillar
[ˈkætəpɪləʳ]
Raupe

to celebrate [tu ˈseləbreɪt]
feiern

centre [ˈsentəʳ]
Mitte

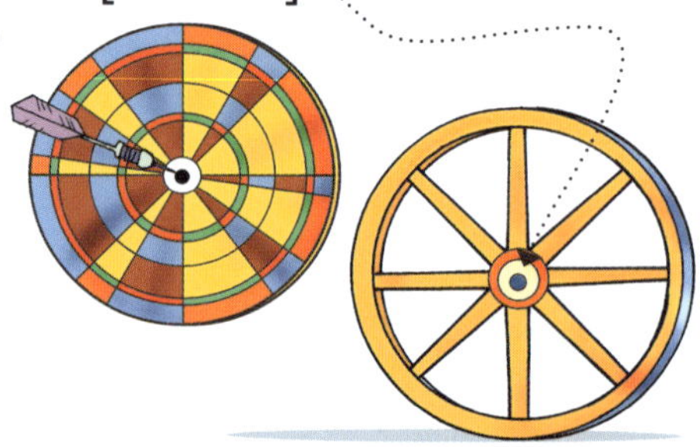

change [tʃeɪndʒ]
Kleingeld, Wechselgeld

to change [tu tʃeɪndʒ]
wechseln

chestnut [ˈtʃesnʌt]
Kastanie

child/children [tʃaɪld/tʃɪldrən]
Kind/Kinder

chocolate [ˈtʃɒkələt]
Schokolade

church
[tʃɜːtʃ]
Kirche

cinema [ˈsɪnəmə]
Kino

classroom
[ˈklaːsruːm]
Klassenzimmer

CLOTHES

[kləʊ(ð)z]
KLEIDUNG

anorak
[ˈænəræk]
Anorak

muffler
[ˈmʌfl̩əʳ]
Schal

pants, trousers
[pænts, ˈtraʊzəz]
Hose

boots [bu:ts]
Stiefel

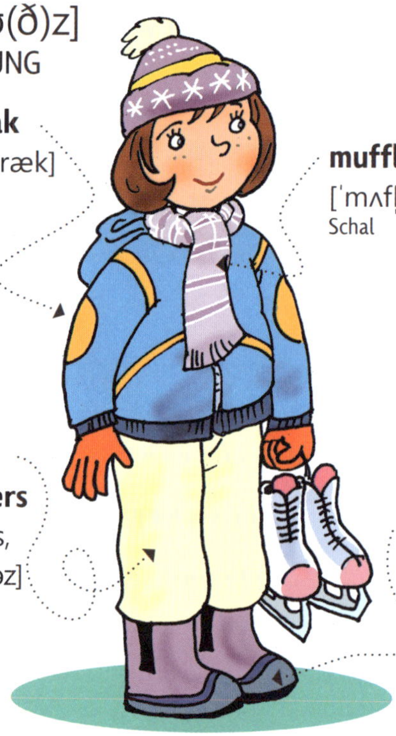

hat [hæt]
Hut, Mütze

sweater
[ˈswetəʳ]
Pullover

gloves
[glʌvz]
Handschuhe

jeans
[ʤi:nz]
Jeans

windbreaker
[ˈwɪndbreɪkəʳ]
Windjacke

handkerchief
[ˈhæŋkətʃi:f]
Taschentuch

overcoat
[ˈəʊvəʳkəʊt]
Wintermantel

purse
[pɜ:s]
Geldbeutel

scarf
[skɑ:f]
Tuch, Schal

coat
[kəʊt]
Mantel

stockings
[ˈstɒkɪŋz]
Strümpfe

skirt
[skɜ:t]
Rock

socks
[sɒks]
Socken

sneakers
[ˈsni:kəʳz]
Turnschuhe

T-shirt
[ˈti:ʃɜ:t]
T-Shirt

shorts
[ʃɔ:ts]
Shorts, kurze Hose

pocket
[ˈpɒkɪt]
Hosentasche

shoes
[ʃu:z]
Schuhe

cloud [klaʊd]
Wolke

coconut [ˈkəʊkənʌt]
Kokosnuss

cold [kəʊld]
kühl, kalt, Kälte

cold [kəʊld]
Erkältung

COLOURS
[ˈkʌləʳz]
FARBEN

red [red]
rot

blue [bluː]
blau

orange [ˈɒrɪndʒ]
orange

yellow [ˈjeləʊ]
gelb

green [griːn]
grün

black [blæk]
schwarz

white [(h)waɪt]
weiß

pink [pɪŋk]
rosa

brown [braʊn]
braun

purple [ˈpɜːpl̩]
violett

comb [kəʊm]
Kamm

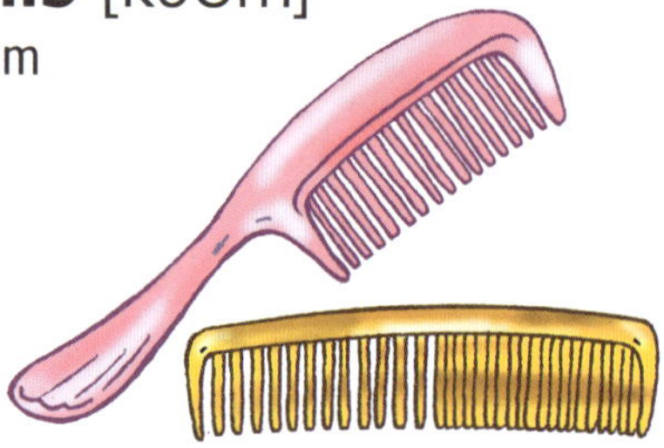

comet [ˈkɒmɪt]
Komet

competition [ˌkɒmpəˈtɪʃən]
Wettbewerb,
Wettkampf

computer [kəmˈpjuːtəʳ]
Computer

concert [ˈkɒnsət]
Konzert

conversation [ˌkɒnvəˈseɪʃən]
Unterhaltung

to cook
[tu kʊk]
kochen

costume [ˈkɒstjuːm]
Kostüm

cottage [ˈkɒtɪdʒ]
Hütte,
Landhaus,
Häuschen

country [ˈkʌntri]
Land

cowboy [ˈkaʊbɔɪ]
Cowboy

to cross [tu krɒs]
überqueren

to cry [tu kraɪ]
weinen

cup [kʌp]
Tasse

curly [ˈkɜ:li]
lockig

to cut [tu kʌt]
schneiden

Dd

daily [ˈdeɪli]
täglich,
Tageszeitung

dam
[dæm]
(Stau-)Damm

to damage
[tu ˈdæmɪdʒ]
(be)schädigen

to dance
[tu dɑːn(t)s]
tanzen

dandelion
[ˈdændɪlaɪən]
Löwenzahn

danger [ˈdeɪndʒəʳ]
Gefahr

dark
[dɑːk]
dunkel,
düster

DAY [deɪ]
TAG

sunrise
[ˈsʌnraɪz]
Sonnenaufgang

morning
[ˈmɔ:nɪŋ]
Morgen,
Vormittag

noon
[nu:n]
Mittag

afternoon
[ˌɑ:ftəˈnu:n]
Nachmittag

sunset [ˈsʌnset]
Sonnenuntergang

evening
[ˈi:vnɪŋ]
Abend

night
[naɪt]
Nacht

midnight
[ˈmɪdnaɪt]
Mitternacht

dead [ded]
tot

dear [dɪəʳ]
lieb, teuer

desert [ˈdezət]
Wüste

desk [desk]
Schreibtisch

devil
[ˈdevəl]
Teufel

different [ˈdɪfərənt]
anders,
unterschiedlich

difficult
[ˈdɪfɪkəlt]
schwer, schwierig,
beschwerlich

digger [ˈdɪgəʳ]
Bagger

DINNER [ˈdɪnəʳ]
ABENDESSEN

fish [fɪʃ]
Fisch

soup [suːp]
Suppe

French fries [fren(t)ʃ fraɪz]
Pommes frites

potatoes [pəˈteɪtəʊz]
Kartoffeln

chicken [ˈtʃɪkɪn]
Hühnchen, Hähnchen

turkey [ˈtɜːki]
Truthahn, Pute

stuffing [ˈstʌfɪŋ]
Füllung

mashed potatoes
[mæʃt pəˈteɪtəʊz]
Kartoffelbrei

beef [biːf]
Rindfleisch

dessert
[dɪˈzɜːt]
Nachtisch

rice [raɪs]
Reis

dumplings [ˈdʌmplɪŋz]
Klöße

pasta [ˈpæstə]
Nudeln

tomato sauce [təˈmɑːtəʊ sɔːs]
Tomatensoße

salad [ˈsæləd]
Salat

pork [pɔːk]
Schweinefleisch

beer
[bɪəʳ]
Bier

soft drink
[sɒft drɪŋk]
alkoholfreies Getränk

fruit juice [fruːt dʒuːs]
Fruchtsaft

cake
[keɪk]
Torte

wine
[waɪn]
Wein

coffee
[ˈkɒfiː]
Kaffee

sugar
[ˈʃʊgəʳ]
Zucker

dinosaur [ˈdaɪnəsɔːʳ]
Dinosaurier

dirty/clean
[ˈdɜːti/kliːn]
schmutzig/sauber

to dive
[tu daɪv]
tauchen, einen Kopfsprung machen

dolphin [ˈdɒlfɪn]
Delfin

door
[dɔːʳ]
Tür

dragon
[ˈdrægən]
Drache

down
[daʊn]
hinab, nach unten

downhill
[daʊnˈhɪl]
bergab, abwärts

to draw
[tu drɔː]
zeichnen

dream [driːm]
Traum

to drink
[tu drɪŋk]
trinken

to drive
[tu draɪv]
fahren

drop
[drɒp]
Tropfen

dry
[draɪ]
trocken

drum [drʌm]
Trommel

duet
[djuˈet]
Duett, Duo

Ee

eagle [ˈiːgl̩]
Adler

early [ˈɜːli]
früh

earring [ˈɪərɪŋ]
Ohrring

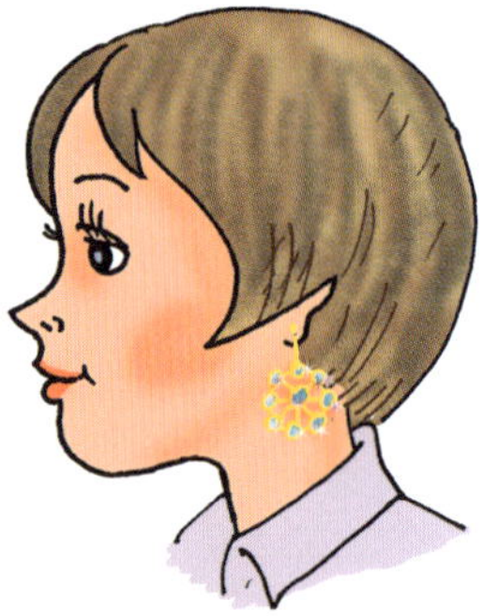

Earth [ɜːθ]
Erde

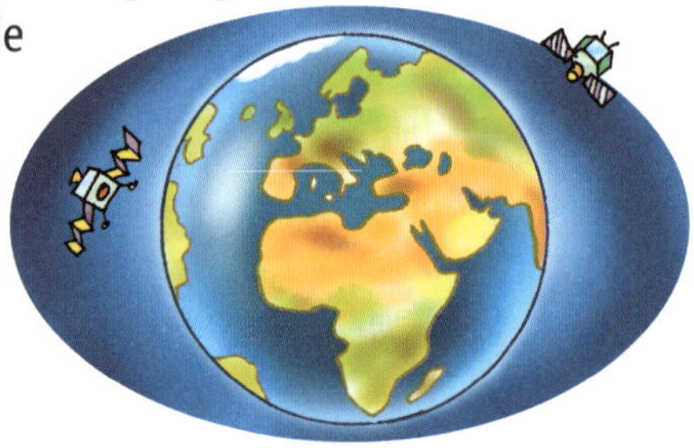

Easter [ˈiːstəʳ]
Ostern

easy [ˈiːzi]
einfach, leicht

to eat [tu iːt]
essen

echo [ˈekəʊ]
Echo

electricity [ˌelɪkˈtrɪsəti]
Strom, Elektrizität

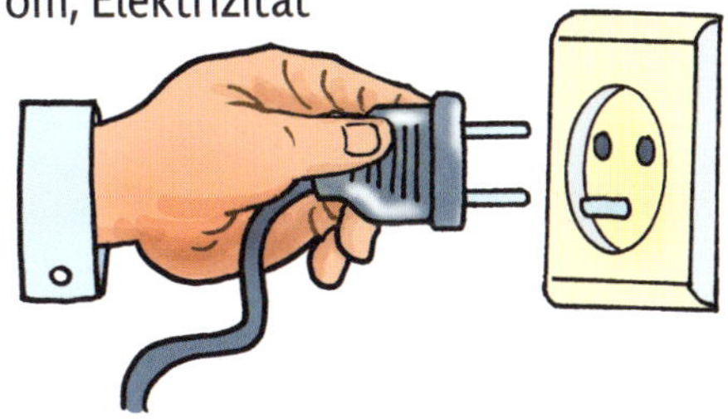

elegant
[ˈelɪgənt]
elegant

elf [elf]
Elfe

empty/full
[ˈem(p)ti/fʊl]
leer/voll

end [end]
Ende

to enjoy
[tu ɪnˈdʒɔɪ]
genießen

entrance [ˈentrən(t)s]
Eingang,
Eintritt

envelope [ˈenvələʊp]
Brief-
umschlag

eruption [ɪˈrʌpʃən]
Ausbruch

Eskimo [ˈeskɪməʊ]
Eskimo/-frau

to exercise [tu ˈeksəsaɪz]
trainieren,
üben

exercise book [ˈeksəsaɪz bʊk]
Heft

exit [ˈeksɪt]
Ausgang

experiment [ɪkˈsperɪmənt]
Experiment,
Versuch

F f

face [feɪs]
Gesicht

factory [ˈfæktəri]
Fabrik

to fade
[tu feɪd]
verwelken,
ausbleichen,
verblassen

fairy tale [ˈfeəri teɪl]
Märchen

to fall
[tu fɔ:l]
fallen,
stürzen

false [fɔ:ls]
falsch

FAMILY [ˈfæməli]
FAMILIE

grandparents
[ˈgrænpeərənts]
Großeltern

grandmother
[ˈgrænmʌðəʳ]
Großmutter

grandfather
[ˈgrænfɑːðəʳ]
Großvater

mother
[ˈmʌðəʳ]
Mutter

father
[ˈfɑːðəʳ]
Vater

wife
[waɪf]
Ehefrau

husband
[ˈhʌzbən(d)]
Ehemann

parents
[ˈpeərənts]
Eltern

daughter
[ˈdɔːtəʳ]
Tochter

son
[sʌn]
Sohn

uncle
[ˈʌŋkl̩]
Onkel

aunt
[ɑːnt]
Tante

brother
[ˈbrʌðəʳ]
Bruder

grandchildren [ˈgrænˌtʃɪldrən]
Enkelkinder

cousin [ˈkʌzən]
Cousin/-e

baby
[ˈbeɪbi]
Baby

sister
[ˈsɪstəʳ]
Schwester

nephew
[ˈnefjuː]
Neffe

niece
[niːs]
Nichte

famous [ˈfeɪməs]
berühmt

far [fɑːʳ]
weit

farm [fɑːm]
Bauernhof

fast [fɑːst]
schnell

fat [fæt]
dick, fett

feather [ˈfeðəʳ]
Feder

fire [ˈfaɪəʳ]
Feuer

FLOWERS [ˈflaʊəʳz]

BLUMEN

daffodil
[ˈdæfədɪl]
Osterglocke

harebell
[ˈheəbel]
Glockenblume

corn-poppy
[kɔːn ˈpɒpi]
Klatschmohn

daisy
[ˈdeɪziː]
Gänseblümchen

tulip
[ˈtjuːlɪp]
Tulpe

snowdrop
[ˈsnəʊdrɒp]
Schneeglöckchen

violet
[ˈvaɪələt]
Feilchen

ox-eye daisy
[ɒks aɪ ˈdeɪziː]
Margerite

peony
[ˈpiːəni]
Pfingstrose

rose [rəʊz]
Rose

lily [ˈlɪli]
Lilie

chicory
[ˈtʃɪkəri]
Gemeine Wegwarte, Zichorie

sunflower
[ˈsʌnflaʊəʳ]
Sonnenblume

flu [flu:]
Grippe

to fly [tu flaɪ]
fliegen

to follow
[tu ˈfɒləʊ]
folgen

food [fu:d]
Essen

to forget
[tu fəˈget]
vergessen

fork [fɔ:k]
Gabel, Mistgabel

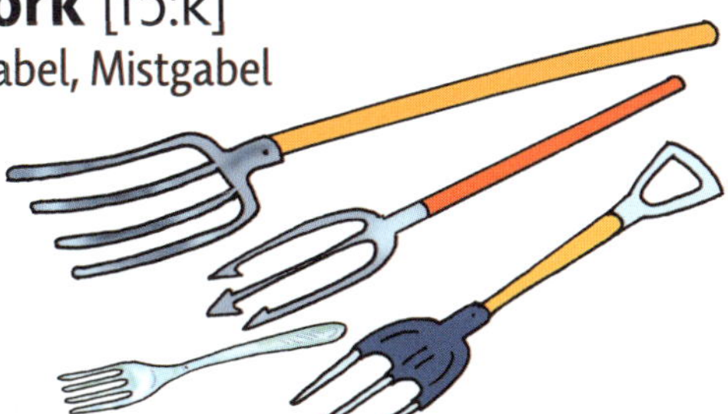

friend
[frend]
Freund/-in

FRUIT [fru:t]
OBST

apple
[ˈæpl̩]
Apfel

pear
[peəʳ]
Birne

apricot
[ˈeɪprɪkɒt]
Aprikose

cherry
[ˈtʃeri]
Kirsche

raspberry
[ˈrɑ:zbəri]
Himbeere

lime [laɪm]
Limette

peach
[pi:tʃ]
Pfirsich

plum
[plʌm]
Pflaume

lemon
[ˈlemən]
Zitrone

strawberry
[ˈstrɔ:bəri]
Erdbeere

gooseberry
[ˈgʊzbəri]
Stachelbeere

blackberry
[ˈblækbəri]
Brombeere

banana
[bəˈnɑ:nə]
Banane

pineapple
[ˈpaɪnæpl̩]
Ananas

orange
[ˈɒrɪndʒ]
Orange

grapes [greɪpz]
(Wein-)Trauben

melon
[ˈmelən]
Melone

blueberry
[ˈblu:bəri]
Heidelbeere

G g

game [geɪm]
Spiel

garage [ˈgærɑːʒ]
Garage, Werkstatt

garbage[ˈgɑːbɪdʒ]
Müll

garden [ˈgɑːdən] Garten

gate [geɪt]
Tor

gem [dʒem] Juwel

gently
[ˈdʒentli]
sanft,
behutsam

to get
[tu get]
erhalten, bekommen

to get down [tu get daʊn]
etwas herunternehmen

to get up
[tu get ʌp]
aufstehen

to get off
[tu get ɒf]
aussteigen

to get on
[tu get ɒn]
einsteigen

to get in
[tu get ɪn]
einsteigen

to get out
[tu get aʊt]
aussteigen

ghost
[gəʊst]
Geist

gift [gɪft]
Geschenk

girl [gɜ:l]
Mädchen

glass
[glɑ:s]
Glas

glass
[glɑ:s]
Glas-
scheibe

glasses [ˈglɑ:sɪz]
Brille

to go [tu gəʊ]
gehen

to go in [tu gəʊ ɪn]
hineingehen

to go out [tu gəʊ aʊt]
hinausgehen

to go up
[tu gəʊ ʌp]
hinaufgehen

to go down
[tu gəʊ daʊn]
hinuntergehen

goal [gəʊl] Tor, Ziel

gold [gəʊld]
Gold

good [gʊd]
gut

granny
[ˈɡræni]
Oma

grass [ɡrɑːs]
Gras

grave [ɡreɪv]
Grab

to greet
[tu ɡriːt]
(be)grüßen

grill [grɪl]
grillen

group
[gru:p]
Gruppe

to grow
[tu grəʊ]
wachsen

guard [gɑ:d]
Wache

guest
[gest]
Gast

gun [gʌn]
Waffe, Kanone

gymnastics
[dʒɪmˈnæstɪks]
Turnen

H h

hairbrush [ˈheəbrʌʃ]
Haarbürste

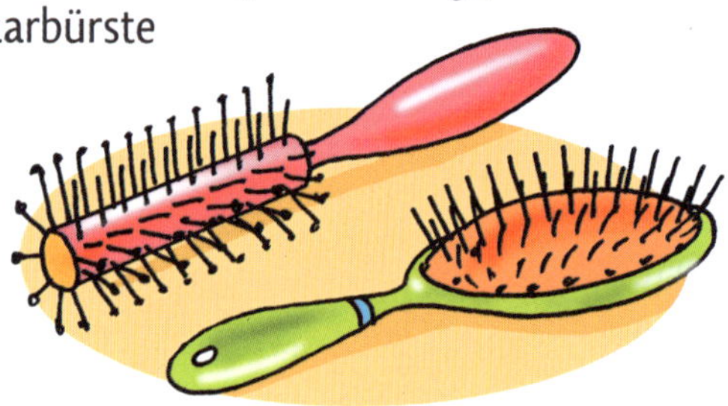

half
[hɑ:f]
Hälfte

hammer [ˈhæməʳ]
Hammer

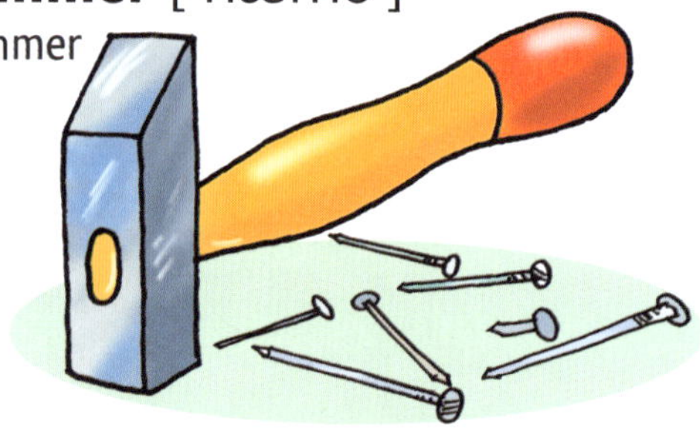

hamster
[ˈhæm(p)stəʳ]
Hamster

handsome
[ˈhæn(d)səm]
attraktiv,
gut aussehend

to hang
[tu hæŋ]
etwas
aufhängen

happy
[ˈhæpi]
glücklich

harbour
[ˈhɑ:bəʳ]
Hafen

hard [hɑ:d]
hart, fest

healthy [ˈhelθi]
gesund

to hear
[tu hɪəʳ]
hören

heart [hɑ:t]
Herz

heat [hi:t]
Wärme,
Hitze

heaven [ˈhevən]
Himmel

heavy
[ˈhevi]
schwer

helicopter [ˈhelɪkɒptəʳ]
Hubschrauber

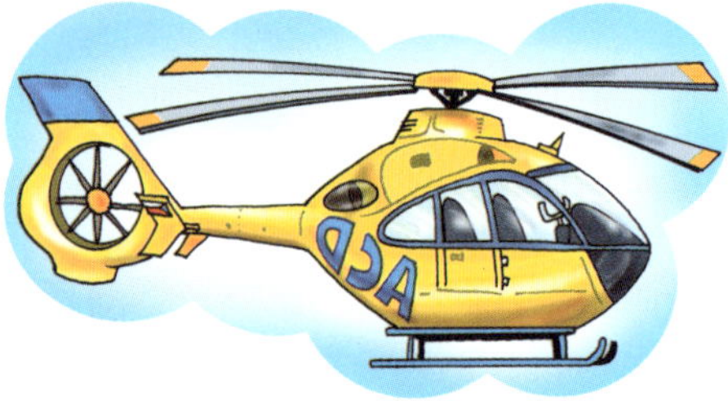

hell [hel]
Hölle

hello/goodbye
[helˈəʊ/gʊ(d)ˈbaɪ]
Hallo/Auf Wiedersehen

to help [tu help]
helfen

to hide
[tu haɪd]
verstecken

high [haɪ]
hoch

hill [hɪl]
Berg,
Hügel

to hold [tu həʊld]
(fest)halten

hole [həʊl]
Loch

holiday
[ˈhɒlədeɪ]
Urlaub,
Ferien

home [həʊm] Zuhause, Haus

hospital [ˈhɒspɪtəl] Krankenhaus

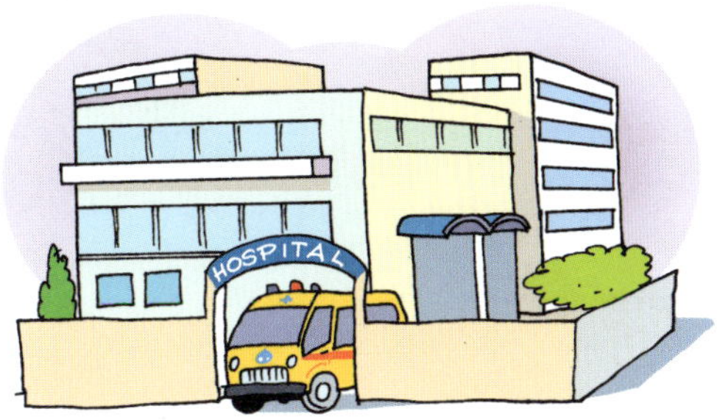

hot [hɒt]
heiß, scharf

hotel
[hə(ʊ)ˈtel]
Hotel

HOUSE [haʊs]

HAUS

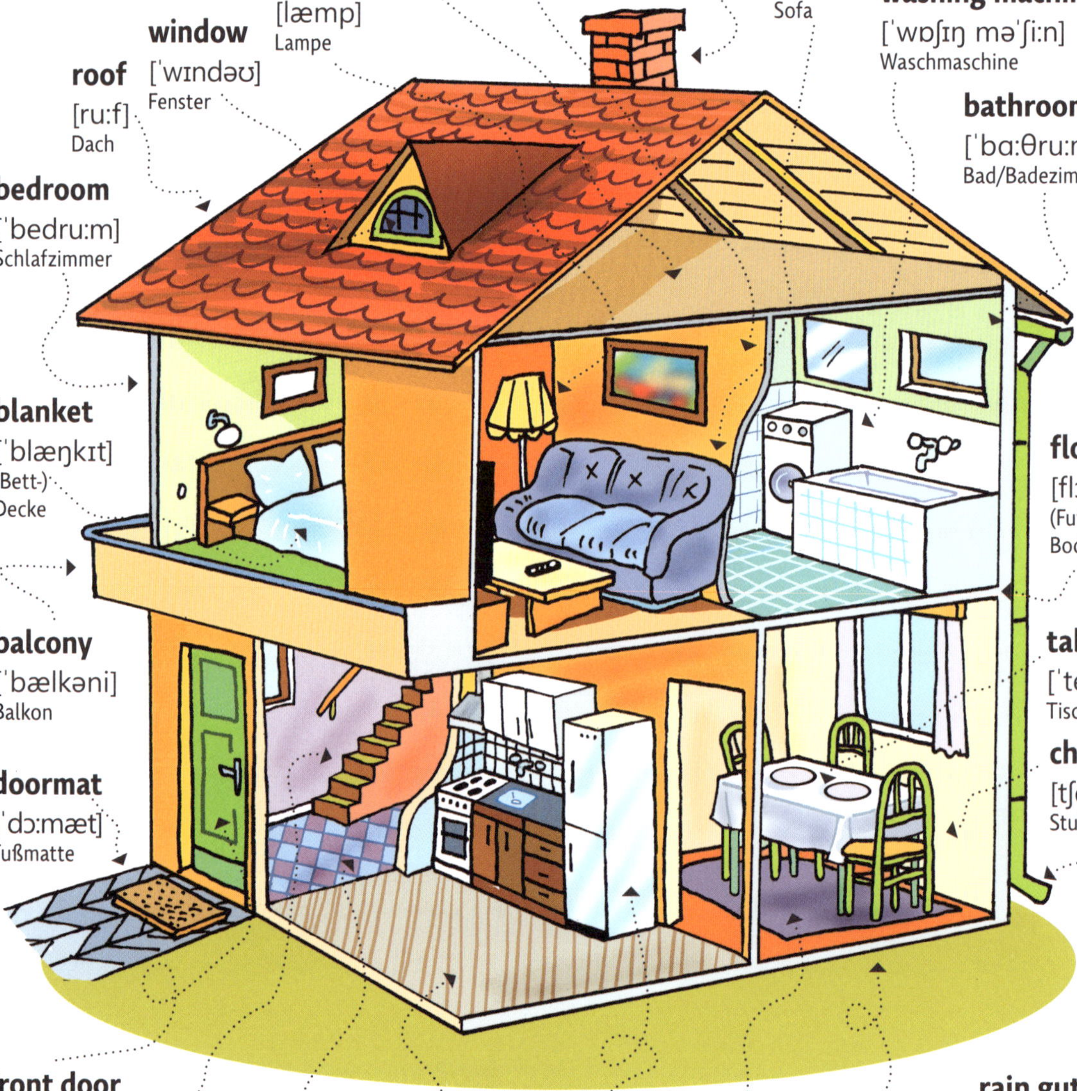

how
[haʊ]
wie

How are you?
[haʊ ɑːʳ ju]
Wie geht es dir/Ihnen?

How old are you?
[haʊ əʊld ɑːʳ ju]
Wie alt bist du/
sind Sie?

How much?
[haʊ mʌtʃ]
Wie viel?

How many?
[haʊ ˈmeni]
Wie viele?

hump
[hʌmp]
Höcker

hungry
[ˈhʌŋgri]
hungrig

hunter
[ˈhʌntəʳ]
Jäger

hut [hʌt]
Hütte

Ii

ice [aɪs]
Eis

ice cream
[aɪs kriːm]
Eiscreme

icicle
[ˈaɪsɪkl̩]
Eiszapfen

igloo
[ˈɪgluː]
Iglu

ill [ɪl]
krank

in/inside
[ɪn/ˌɪnˈsaɪd]
in/innen

in front of [ɪn frʌnt ɒv]
vor

Indian [ˈɪndiən] Indianer/-in

information [ˌɪnfəˈmeɪʃən]
Information, Auskunft

injection [ɪnˈdʒekʃən]
Spritze

injury [ˈɪndʒəri]
Verletzung

island [ˈaɪlənd]
Insel

J j

jacket [ˈdʒækɪt] Jacke

jail [dʒeɪl]
Gefängnis

jar [dʒɑːʳ]
Glas(gefäß)

job [dʒɒb]
Job, Beruf

joke [dʒəʊk]
Witz, Spaß

judge
[dʒʌdʒ]
Richter/-in

to jump
[tu dʒʌmp]
springen

K k

kettle [ˈketl̩] Wasserkocher, (Tee-)Kessel

key [kiː]
Schlüssel

kind
[kaɪnd]
freundlich

king
[kɪŋ]
König

kiss [kɪs]
Kuss

knife [naɪf]
Messer

to knock
[tu nɒk]
klopfen

L l

ladder
[ˈlædəʳ]
Leiter

ladybird
[ˈleɪdibɜːd]
Marienkäfer

lake
[leɪk]
See

lamb [læm]
Lamm

lamp [læmp]
Lampe

to laugh
[tu lɑːf]
lachen

lawn [lɔːn]
Rasen

lazy [ˈleɪzi]
faul

leaf [li:f]
Blatt

to learn
[tu lɜ:n]
lernen

left [left]
links

lemonade
[ˌleməˈneɪd]
(Zitronen-)Limonade

letter
[ˈletəʳ]
Brief

library
[ˈlaɪbrəri]
Bibliothek

life jacket
[laɪf ˈdʒækɪt]
Schwimmweste

lift [lɪft] Aufzug

light [laɪt]
leicht

light [laɪt]
Licht

to like [tu laɪk]
mögen

lips [lɪps] Lippen

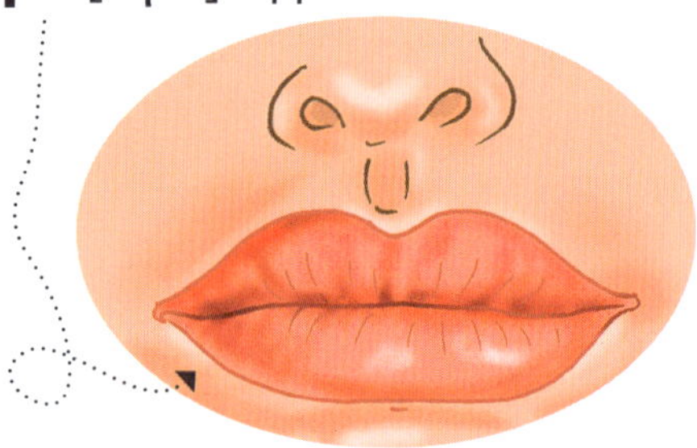

to listen
[tu ˈlɪsən]
zuhören

little [ˈlɪtḷ]
klein

long [lɒŋ]
lang

love
[lʌv]
Liebe

lucky
[ˈlʌki]
glücklich

LUNCH [lʌn(t)ʃ]
MITTAGESSEN

cookies [ˈkʊkiz]
Kekse, Plätzchen

pizza [ˈpiːtsə]
Pizza

hot dog [hɒt dɒg]
Hotdog

mineral water
[ˈmɪnərəl ˈwɔːtəʳ]
Mineralwasser

French fries
[fren(t)ʃ fraɪz]
Pommes frites

toasts [təʊsts]
Toast

hamburger
[ˈhæmˌbɜːgəʳ]
Hamburger

Mm

machine
[məˈʃiːn]
Maschine

magazine [ˌmægəˈziːn]
Zeitschrift

mail [meɪl]
Post

to make [tu meɪk]
machen, herstellen

man
[mæn]
Mann

many/much [ˈmeni/mʌtʃ] viele/viel

map
[mæp]
(Land-)Karte

maze
[meɪz]
Labyrinth, Irrgarten

meal [mi:l]
Essen, Mahlzeit

medicine [ˈmedsən]
Medikamente

mess [mes]
Unordnung

message [ˈmesɪdʒ]
Nachricht

mirror
[ˈmɪrəʳ]
Spiegel

money [ˈmʌni]
Geld

MONTHS [mʌn(t)θs]
MONATE

December
[dɪˈsembəʳ]
Dezember

January
[ˈʤænjuəri]
Januar

November
[nəʊˈvembəʳ]
November

February
[ˈfebruəri]
Februar

October
[ɒkˈtəʊbəʳ]
Oktober

March
[mɑ:tʃ]
März

September
[sepˈtembəʳ]
September

April
[ˈeɪprəl]
April

August
[ˈɔ:gəst]
August

May
[meɪ]
Mai

July
[ʤʊˈlaɪ]
Juli

June
[ʤu:n]
Juni

Seasons
[ˈsi:zənz]
Jahreszeiten

spring
[sprɪŋ]
Frühling

summer
[ˈsʌməʳ]
Sommer

autumn
[ˈɔ:təm]
Herbst

winter
[ˈwɪntəʳ]
Winter

moon
[muːn]
Mond

mosquito
[mɒsˈkiːtəʊ]
Stechmücke

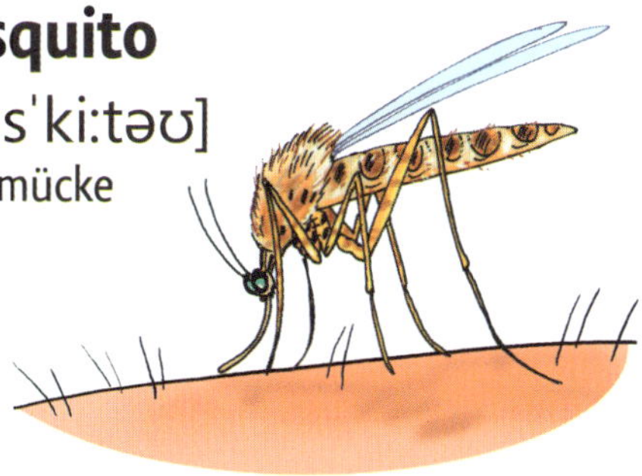

motorcycle
[ˈməʊtəsaɪkl]
Motorrad

mountain [ˈmaʊntɪn] Berg

mower [ˈməʊəʳ]
Rasenmäher

muscled
[ˈmʌsld]
muskulös

mushroom [ˈmʌʃrʊm]
Pilz

music
[ˈmjuːzɪk]
Musik

MUSICAL INSTRUMENTS
['mju:zikəl 'ɪnstrəmənts]
MUSIKINSTRUMENTE

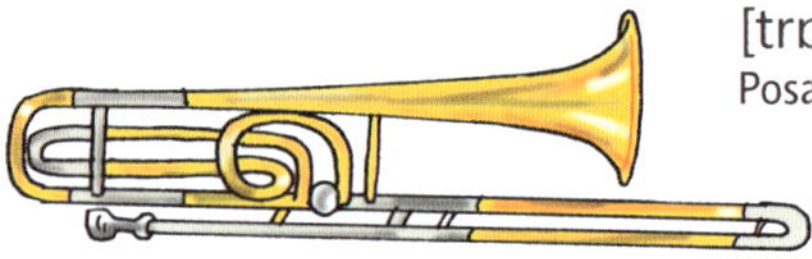

trombone
[trɒm'bəʊn]
Posaune

guitar
[gɪ'tɑ:ʳ]
Gitarre

fipple flute
['fɪp(ə)l flu:t]
Blockflöte

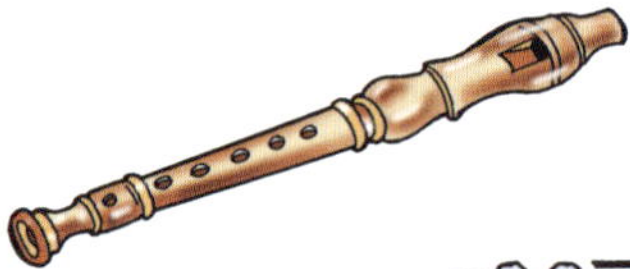

bass
[beɪs]
(Kontra-)
Bass

flute [flu:t]
Querflöte

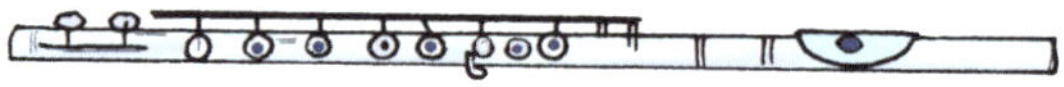

triangle
['traɪæŋgḷ]
Triangel

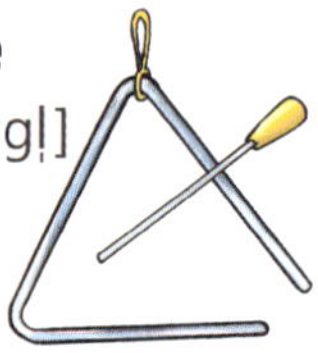

upright piano
['ʌpraɪt pi'ænəʊ]
Piano, Klavier

accordion
[ə'kɔ:diən]
Akkordeon

trumpet
['trʌmpɪt]
Trompete

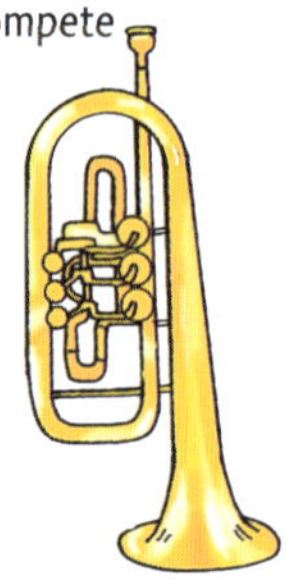

saxophone
['sæksəfəʊn]
Saxophon

harp
[hɑ:p]
Harfe

harmonica
[hɑ:'mɒnɪkə]
Mundharmonika

violin
[ˌvaɪə'lɪn]
Geige

Nn

nail [neɪl] Fingernagel

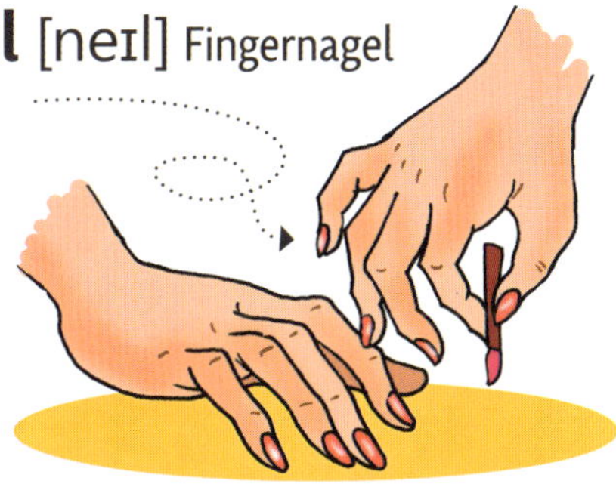

nail [neɪl]
Nagel

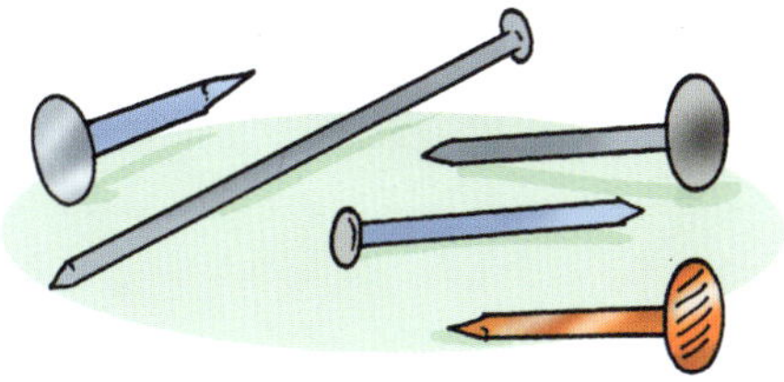

name [neɪm]
Name

nanny
[ˈnæni]
Kindermädchen

napkin [ˈnæpkɪn]
Serviette

nation
[ˈneɪʃən]
Staat,
Nation,
Land

nature
[ˈneɪtʃəʳ]
Natur

necklace
[ˈnekləs]
(Hals-)Kette

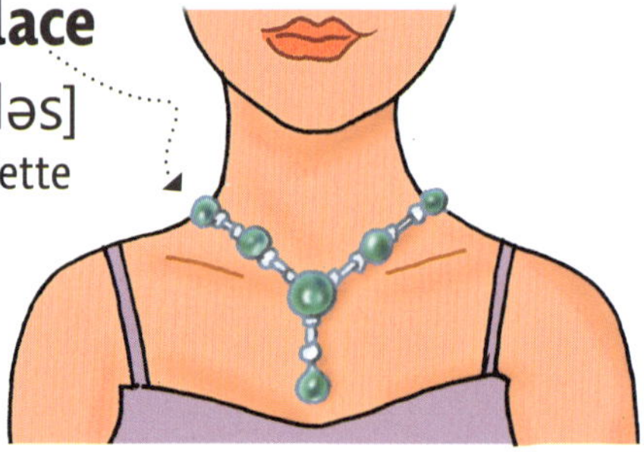

needle [ˈniːdl̩]
Nadel

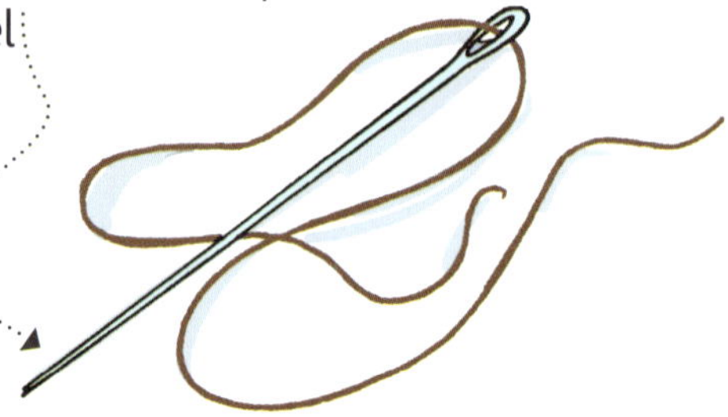

nest
[nest]
Nest

new
[njuː]
neu

newspaper
[ˈnjuːzpeɪpəʳ]
Zeitung

noise [nɔɪz] Lärm

nothing
[ˈnʌθɪŋ]
nichts

nut [nʌt]
Nuss

Oo

ocean [ˈəʊʃən] Ozean

office
[ˈɒfɪs]
Büro

old
[əʊld]
alt

off/on
[ɒf/ɒn]
aus/an

open/closed
[ˈəʊpən/kləʊzd]
offen/geschlossen

Pp

page
[peɪʤ]
Seite

paper
[ˈpeɪpəʳ]
Papier

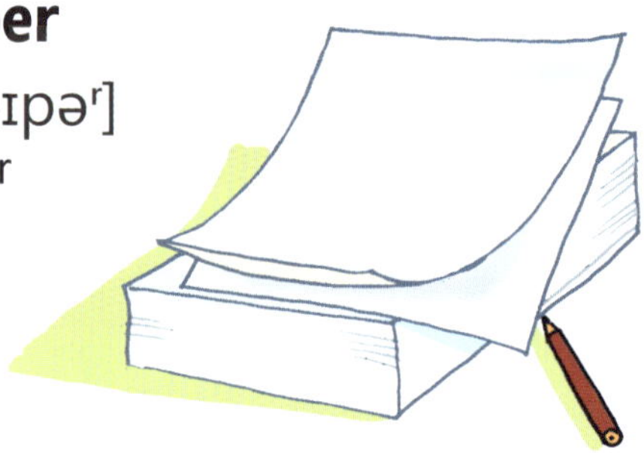

parachute [ˈpærəʃu:t] Fallschirm

park
[pɑ:k]
Park

party [ˈpɑ:ti] Feier

pen [pen] Kugelschreiber, Füller

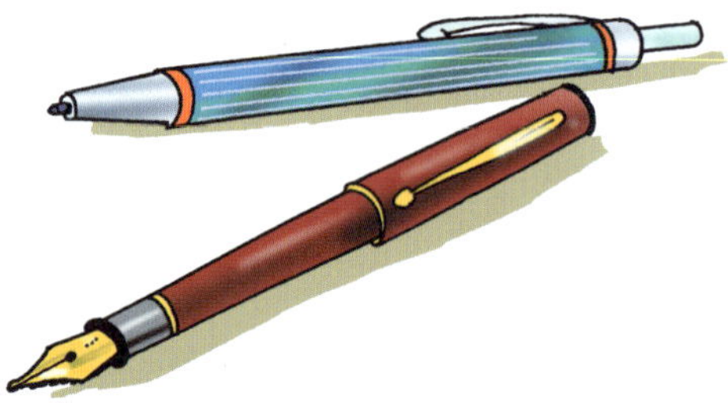

pencil [ˈpen(t)səl]
Bleistift, Farbstift

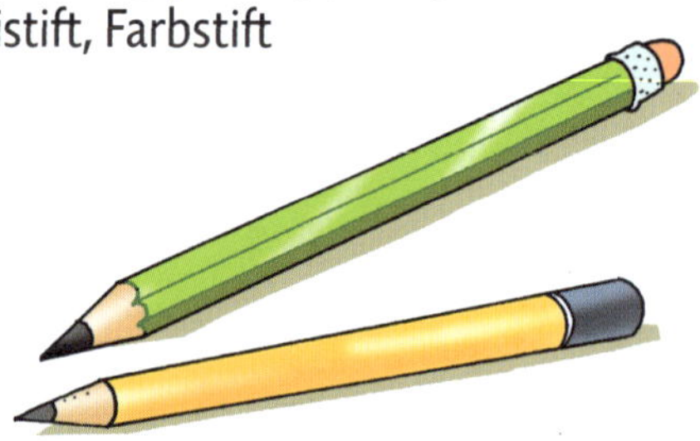

photograph
[ˈfəʊtəgrɑːf]
Foto(grafie)

picture
[ˈpɪktʃəʳ]
Bild

pillow [ˈpɪləʊ]
(Kopf-)Kissen

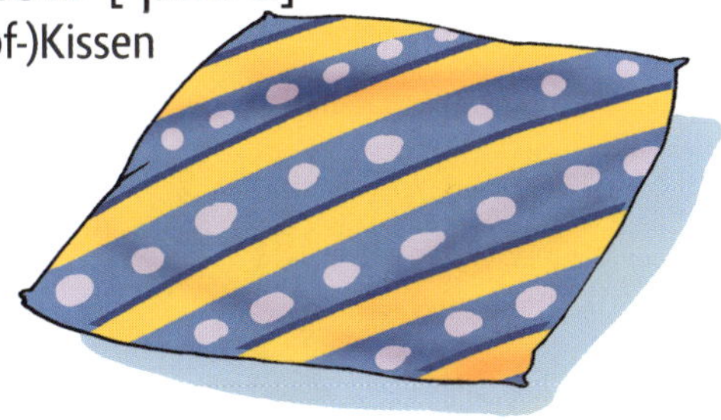

plate [pleɪt]
Teller

to play [tu pleɪ]
spielen

port [pɔːt]
Hafen

present [ˈprezənt] Geschenk

PROFESSIONS [prəˈfeʃənz]

BERUFE

nurse/male nurse
[nɜːs/meɪl nɜːs]
Krankenschwester/-pfleger

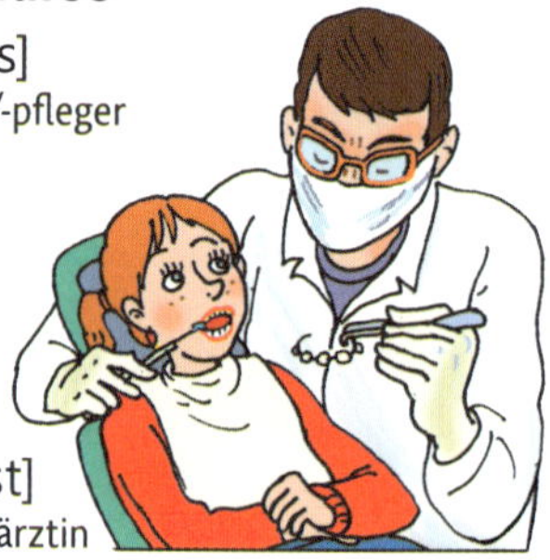

dentist
[ˈdentɪst]
Zahnarzt/-ärztin

doctor
[ˈdɒktə^r]
Arzt/Ärztin

fireman/firewoman
[ˈfaɪəmən/ˈfaɪəwʊmən]
Feuerwehrmann/-frau

soldier
[ˈsəʊldʒə^r]
Soldat/-in

policeman/ policewoman
[pəˈliːsmən/ pəˈliːswʊmən]
Polizist/-in

sailor
[ˈseɪlə^r]
Matrose/-in

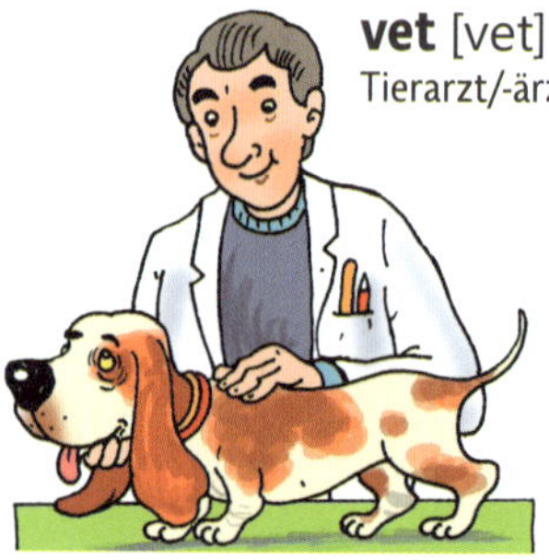

vet [vet]
Tierarzt/-ärztin

farmer
[ˈfɑːmə^r]
Bauer/Bäuerin

cook
[kʊk]
Koch/Köchin

postman/ postwoman
[ˈpəʊstmən/ ˈpəʊstwʊmən]
Postbote/-in

hairdresser
[ˈheədresə^r]
Friseur/-in

butcher
[ˈbʊtʃəʳ]
Metzger/-in

baker
[ˈbeɪkəʳ]
Bäcker/-in

shop assistant
[ʃɒp əˈsɪstənt]
Verkäufer/-in

teacher [ˈtiːtʃəʳ]
Lehrer/-in

painter [ˈpeɪntəʳ]
Maler/-in

plumber
[ˈplʌməʳ]
Klempner/-in

musician
[mjuːˈzɪʃən]
Musiker/-in

writer [ˈraɪtəʳ]
Schriftsteller/-in

artist
[ˈɑːtɪst]
Künstler/-in

actor/actress
[ˈæktəʳ/ˈæktrəs]
Schauspieler/-in

singer
[ˈsɪŋəʳ]
Sänger/-in

dancer
[ˈdɑːn(t)səʳ]
Tänzer/-in

to promise
[tu ˈprɒmɪs]
versprechen,
schwören

proud [praʊd]
stolz

pupil [ˈpju:pəl]
Schüler/-in

to pull
[tu pʊl]
ziehen

to push [tu pʊʃ]
schieben

puppy [ˈpʌpi]
Welpe

puzzle [ˈpʌzl̩]
Puzzle

pyramid [ˈpɪrəmɪd]
Pyramide

Qq

quarter [ˈkwɔ:tə^{r}]
Viertel

queen
[kwi:n]
Königin

question
[ˈkwestʃən]
Frage

queue [kju:]
Schlange

quick [kwɪk]
schnell

quiet
[kwaɪət]
leise

quilt [kwɪlt] Steppdecke

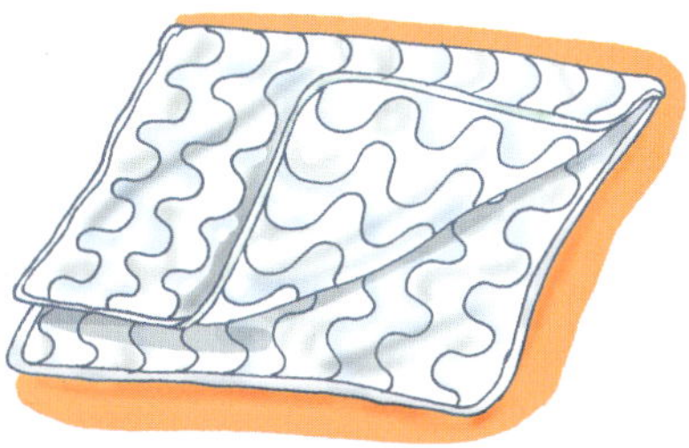

Rr

race [reɪs]
Rennen

radio
[ˈreɪdiəʊ]
Radio

raft [rɑ:ft]
Schlauchboot,
Floß

rain [reɪn]
Regen

rainbow
[ˈreɪnbəʊ]
Regenbogen

to read
[tu ri:d]
lesen

relatives [ˈrelətɪvz] Verwandte

restaurant [ˈrestərɔ̃(ŋ)]
Restaurant

rich [rɪtʃ] reich

right [raɪt]
rechts

ring [rɪŋ]
Ring

river [ˈrɪvəʳ]
Fluss

road [rəʊd]
Straße

rock [rɒk]
Fels(en)

rope [rəʊp] Seil

royal
[ˈrɔɪəl]
königlich

rubber [ˈrʌbəʳ]
Radiergummi

to run [tu rʌn]
laufen, rennen

to run after
[tu rʌn ˈɑːftəʳ]
hinter jemandem herlaufen

to run around
[tu rʌn əˈraʊnd]
um etwas herumlaufen

to run away
[tu rʌn əˈweɪ]
weglaufen

to run over
[tu rʌn ˈəʊvəʳ]
überfahren

to run to
[tu rʌn tuː]
irgendwohin laufen

to run across
[tu rʌn əˈkrɒs]
jemanden zufällig treffen

Ss

sad [sæd]
traurig

sail [seɪl]
Segel

sand [sænd]
Sand

to save
[tu seɪv]
sparen, aufheben

scales
[skeɪlz]
Waage

scent
[sent]
Parfüm, Duft

school
[sku:l]
Schule

scissors [ˈsɪzəz]
Schere

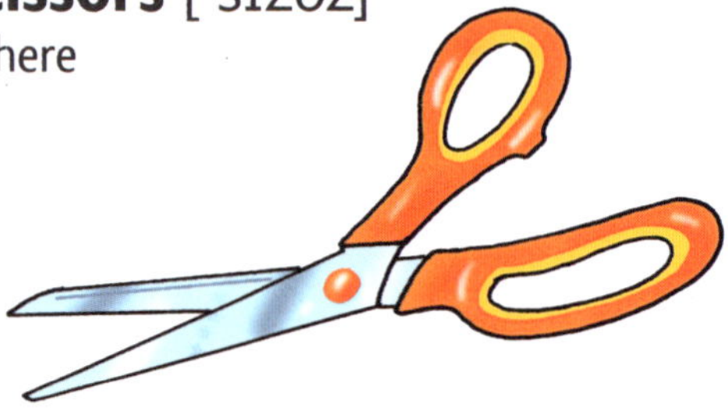

screw [skruː]
Schraube

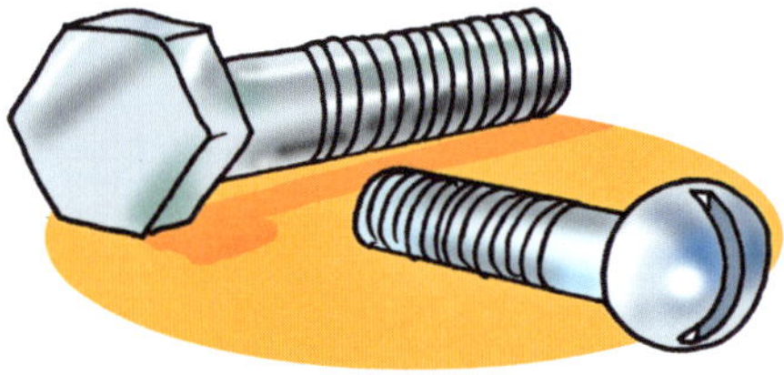

sculpture
[ˈskʌlptʃəʳ]
Skulptur

sea
[siː]
Meer

seal [siːl]
Seehund

to send
[tu send]
schicken

shampoo
[ʃæmˈpuː]
Shampoo

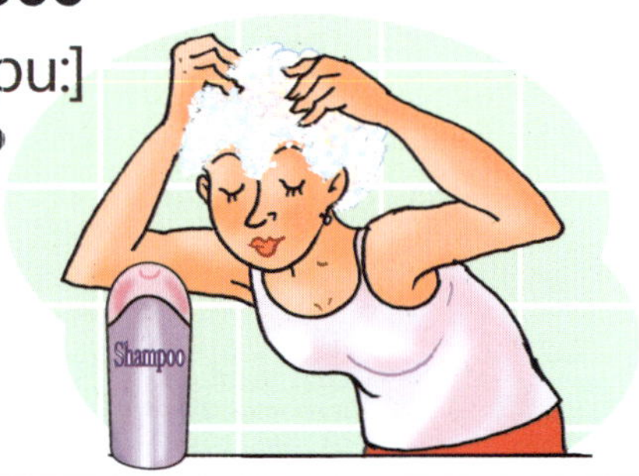

to shave
[to ʃeɪv]
sich rasieren

shell [ʃel]
Muschel, Gehäuse, Schale

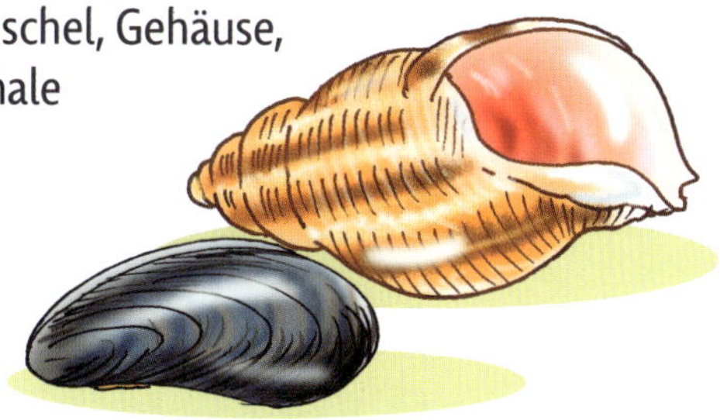

ship [ʃɪp]
Schiff

shop
[ʃɒp]
Laden

short [ʃɔːt]
klein, kurz

to shout
[tu ʃaʊt]
schreien, laut rufen

shower
[ˈʃaʊəʳ]
Dusche

sick [sɪk] krank

sign [saɪn] (Verkehrs-)Schild, Zeichen

to sing
[tu sɪŋ]
singen

to sit down
[tu sɪt daʊn]
sitzen,
sich (hin)setzen

to skate [tu skeɪt]
Schlittschuh-
laufen

sky
[skaɪ]
Himmel

skyscraper [ˈskaɪskreɪpəʳ]
Wolkenkratzer

to sleep
[tu sliːp]
schlafen

slow [sləʊ]
langsam

small
[smɔːl]
klein

to smell
[tu smel]
riechen, duften

smoke
[sməʊk]
Rauch

to smile
[tu smaɪl]
lächeln

snail [sneɪl]
Schnecke

snake
[sneɪk]
Schlange

sneakers
[ˈsniːkəz]
Turnschuhe

snow
[snəʊ]
Schnee

snowflake [ˈsnəʊfleɪk]
Schneeflocke

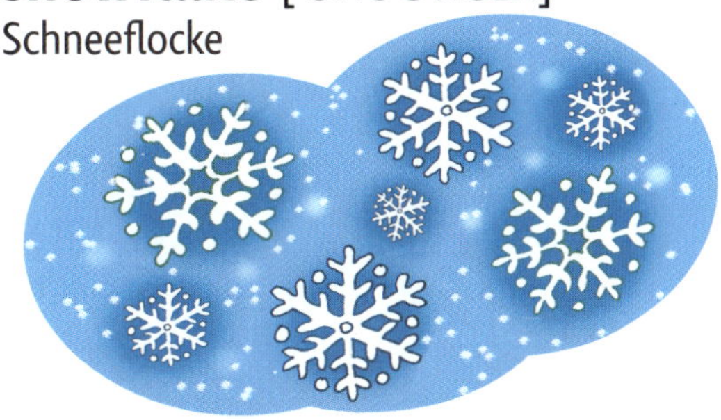

snowman [ˈsnəʊmæn]
Schneemann

soap [səʊp]
Seife

soft
[sɒft]
weich

song
[sɒŋ]
Lied

sour [ˈsaʊəʳ]
sauer

spaceship [ˈspeɪsʃɪp]
Raumschiff

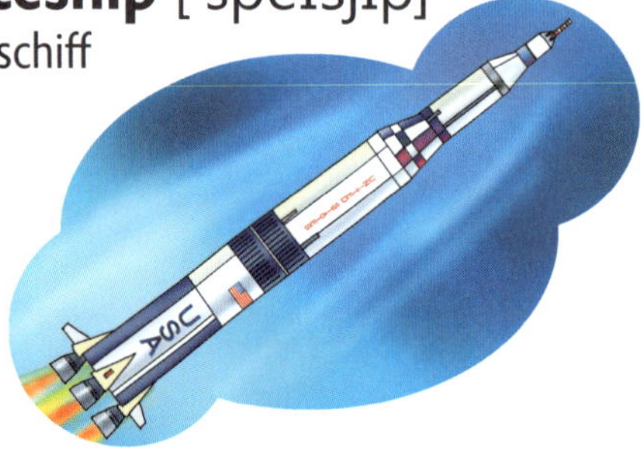

to spend
[to spend]
ausgeben

SPICES & HERBS
[ˈspaɪsiz ænd hɜːbz]
GEWÜRZE UND KRÄUTER

garlic
[ˈgɑːlɪk]
Knoblauch

thyme
[taɪm]
Thymian

salt
[sɔːlt]
Salz

parsley
[ˈpɑːsli]
Petersilie

pepper
[ˈpepəʳ]
Pfeffer

chives
[tʃaɪvz]
Schnittlauch

caraway
[ˈkærəweɪ]
Kümmel

oregano
[ˌɒrɪˈgɑːnəʊ]
Oregano

mint
[mɪnt]
Minze

basil
[ˈbæzəl]
Basilikum

spider
[ˈspaɪdəʳ]
Spinne

to spin
[tu spɪn]
spinnen

sponge [spʌndʒ] Schwamm

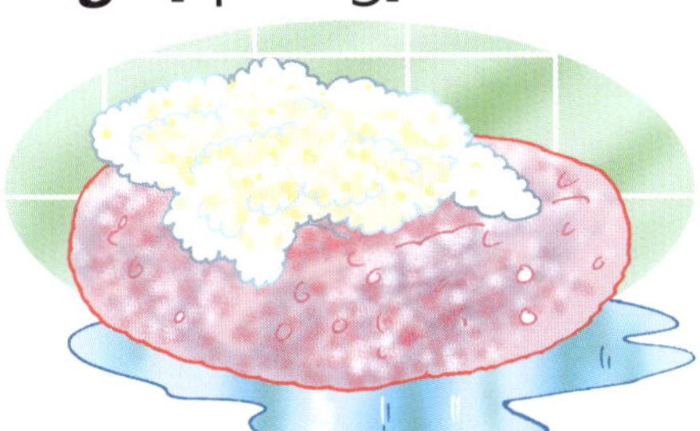

spoon [spuːn]
Löffel

SPORTS [ˈspɔ:ts]

SPORT(ARTEN)

cycling
[ˈsaɪklɪŋ]
Radfahren

tennis
[ˈtenɪs]
Tennis

volleyball
[ˈvɒlibɔ:l]
Volleyball

soccer/football
[ˈsɒkəʳ/ˈfʊtbɔ:l]
Fußball

golf
[gɒlf]
Golf

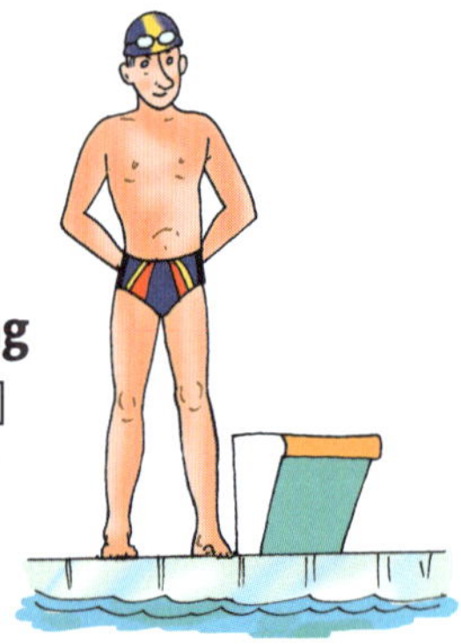

swimming
[ˈswɪmɪŋ]
Schwimmen

riding
[ˈraɪdɪŋ]
Reiten

running
[ˈrʌnɪŋ]
Laufen, Rennen

table tennis
[ˈteɪbl tenɪs]
Tischtennis

basketball
[ˈbɑ:skɪtbɔ:l]
Basketball

gymnastics
[dʒɪmˈnæstɪks]
Turnen

rowing
[ˈrəʊɪŋ]
Rudern

boxing
[ˈbɒksɪŋ]
Boxen

surfing
[ˈsɜːfɪŋ]
Surfen

floorball
[ˈflɔːbɔːl]
Floorball,
Unihockey

ice hockey
[aɪs ˈhɒki]
Eishockey

skiing
[ˈskiːɪŋ]
Skifahren

badminton
[ˈbædmɪntən]
Badminton

speed skating
[spiːd ˈskeɪtɪŋ]
Eisschnelllauf

figure-skating
[ˈfɪgəʳ ˈskeɪtɪŋ]
Eiskunstlauf

square
[skweəʳ]
Platz

stamp [stæmp]
Briefmarke

star [stɑːʳ]
Stern

STATION [ˈsteɪʃən]
BAHNHOF

waiting room [ˈweɪtɪŋ ruːm] Wartesaal

compartment [kəmˈpɑːtmənt] (Zug-)Abteil

train [treɪn] Zug

stationmaster [ˈsteɪʃənmɑːstəʳ] Bahnhofsvorsteher

platform [ˈplætfɔːm] Bahnsteig

ticket collector [ˈtɪkɪt kəˈlektəʳ] Schaffner/-in

ticket [ˈtɪkɪt] (Fahr-)Karte

timetable [ˈtaɪmteɪbl] Fahrplan

ticket window [ˈtɪkɪt ˈwɪndəʊ] Fahrkartenschalter

check room [ˈtʃekruːm] Gepäckaufbewahrung

street
[stri:t]
Straße

strong
[strɒŋ]
stark

student
[ˈstju:dənt]
Student/-in

submarine [ˌsʌbmərˈi:n] U-Boot

suitcase [ˈsu:tkeɪs]
Koffer

sun [sʌn]
Sonne

surprise
[səˈpraɪz]
Überraschung

sweet
[swi:t]
Süßigkeit(en)

T t

tablecloth [ˈteɪblklɒθ] Tischdecke

tail [teɪl] Schwanz

to take [tu teɪk] nehmen

tall [tɔːl] groß

taxi [ˈtæksi] Taxi

telephone [ˈtelɪfəʊn] Telefon

temperature [ˈtemprətʃəʳ]
Temperatur

theatre
[ˈθɪətəʳ]
Theater

there
[ðeəʳ, ðəʳ]
da, dort

here
[hɪəʳ]
hier

that [ðæt,ðət]
der/die/das, jene/-r/-s

those [ðəʊz]
diese, jene

this [ðɪs, ðəs]
diese/-r/-s

these [ði:z]
diese

to be thirsty [tu bi: ˈθɜ:sti]
Durst haben

tie [taɪ]
Krawatte

time
[taɪm]
Zeit

tired
[ˈtaɪəd]
müde

together
[təˈgeðəʳ]
zusammen,
gemeinsam

tongue
[tʌŋ]
Zunge

toothbrush/toothpaste
[ˈtu:θbrʌʃ/ˈtu:θpeɪst]
Zahnbürste/Zahnpasta

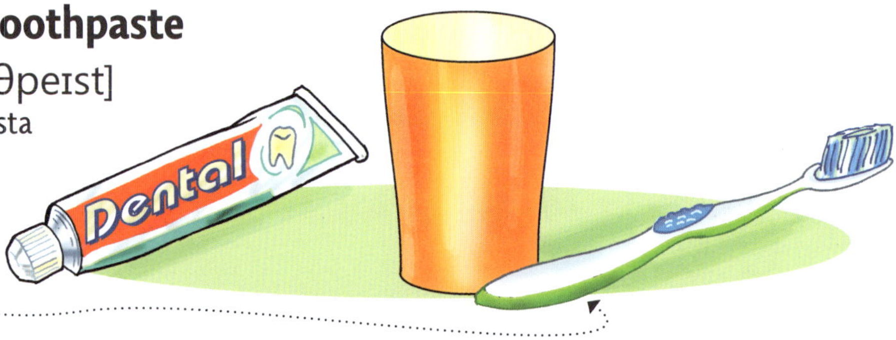

towel [ˈtaʊəl]
Handtuch

town [taʊn] Stadt

toy [tɔɪ]
Spielzeug

traffic light
[ˈtræfɪk laɪt]
Ampel

to travel
[tu ˈtrævəl]
reisen

treasure
[ˈtreʒəʳ]
Schatz

tree
[tri:]
Baum

twins
[twɪnz]
Zwillinge

U u

ugly
[ˈʌgli]
hässlich

umbrella
[ʌmˈbrelə]
Regenschirm

under
[ˈʌndəʳ]
unter

to understand [tu ˌʌndəˈstænd]
verstehen

underwear [ˈʌndəweəʳ]
Unterwäsche

unhappy
[ʌnˈhæpi]
unglücklich

up [ʌp]
hinauf,
nach oben

Vv

vacancy [ˈveɪkən(t)si] freier Platz

vacation [vəˈkeɪʃən] Ferien, Urlaub

valley [ˈvæli] Tal

VEGETABLES [ˈvedʒtəblz]
GEMÜSE

pepper [ˈpepəʳ] Paprika

cucumber [ˈkju:kʌmbəʳ] Gurke

tomato [təˈmɑ:təʊ] Tomate

cabbage [ˈkæbɪdʒ] Kohl

onion [ˈʌnjən] Zwiebel

peas [pi:z] Erbsen

carrot [ˈkærət] Möhre, Karotte

broccoli [ˈbrɒkəli] Brokkoli

kohlrabi [ˌkəʊlˈrɑ:bi] Kohlrabi

cauliflower [ˈkɒliflaʊəʳ] Blumenkohl

vegetarian [ˌvedʒɪˈteəriən] Vegetarier/-in

vehicle [ˈvɪəkl̩] Fahrzeug

victory [ˈvɪktəri] Sieg

view [vjuː] (Aus-)Blick, Aussicht

village [ˈvɪlɪdʒ] Dorf

vocabulary [və(ʊ)ˈkæbjələri] Vokabeln

voice [vɔɪs] Stimme

volcano [vɒlˈkeɪnəʊ] Vulkan

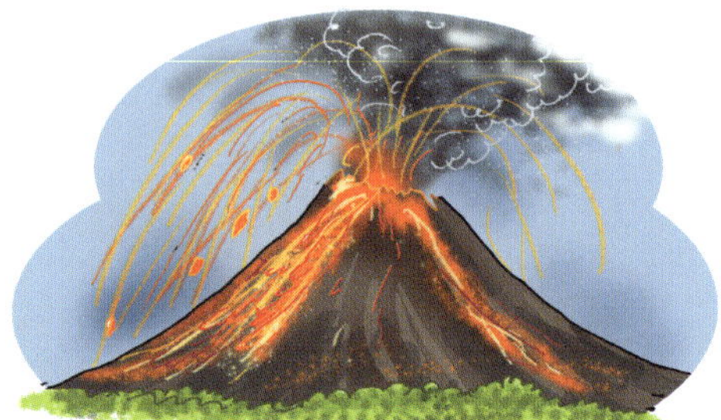

W w

to wake up [tu weɪk ʌp]
aufwachen

to walk [tu wɔːk] (spazieren) gehen

wall [wɔːl] Mauer, Wand

to wash
[tu wɒʃ]
waschen

watch
[wɒtʃ]
Armband-,
Taschenuhr

waterfall [ˈwɔːtəfɔːl] Wasserfall

wave [weɪv] Welle

to wear [tu weəʳ] (etwas) tragen, anhaben

weather [ˈweðəʳ] Wetter

WEEK [wi:k] WOCHE

Monday [ˈmʌndeɪ] Montag

Tuesday [ˈtju:zdeɪ] Dienstag

Wednesday [ˈwenzdeɪ] Mittwoch

Thursday [ˈθɜ:zdeɪ] Donnerstag

Friday [ˈfraɪdeɪ] Freitag

Saturday [ˈsætədeɪ] Samstag

Sunday [ˈsʌndeɪ] Sonntag

yesterday [ˈjestədeɪ] gestern

today [təˈdeɪ] heute

tomorrow [təˈmɒrəʊ] morgen

welcome [ˈwelkəm] willkommen

wet [wet]
nass

What is it?
[(h)wɒt ɪz ɪt]
Was ist das?

When?
[(h)wen]
Wann?

Where?
[(h)weəʳ]
Wo?

Which?
[(h)wɪtʃ]
Welche/-r/-s?

Who is it?
[hu: ɪz ɪt]
Wer ist das?

Why?
Because …
[(h)waɪ/
bɪˈkɒz]
Warum? Weil …

to win/to lose
[tu wɪn/tu luːz]
gewinnen/verlieren

wind
[wɪnd]
Wind

window
[ˈwɪndəʊ]
Fenster

wing
[wɪŋ]
Flügel

wish
[wɪʃ]
Wunsch

with
[wið, wɪθ]
mit

without
[wɪˈðaʊt]
ohne

witch [wɪtʃ]
Hexe

woman
[ˈwʊmən]
Frau

wood
[wʊd]
Holz

wood
[wʊd]
Wald

word
[wɜːd]
Wort

to work
[tu wɜːk]
arbeiten

world
[wɜːld]
Welt

to write
[tʊ raɪt]
schreiben

Xx

Xmas
[ˈeksməs]
Weihnachten

X-ray
[ˈeksreɪ]
Röntgen(bild)

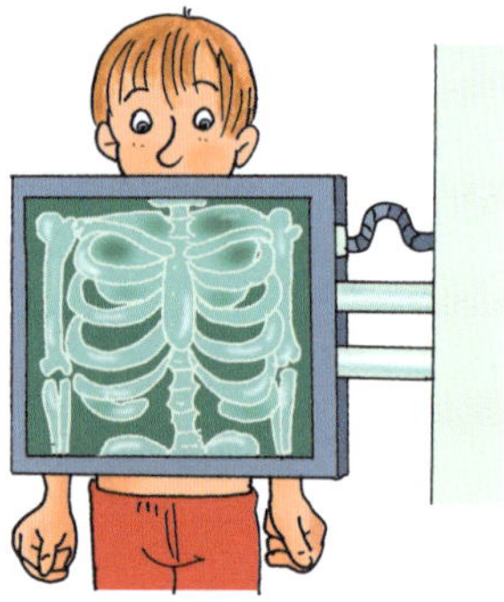

xylophone [ˈzaɪləfəʊn]
Xylofon

Yy

year
[jɪəʳ]
Jahr

yogurt
[ˈjəʊgət]
Joghurt

young
[jʌŋ]
jung

Zz

zebra crossing [ˌzebrə ˈkrɒsɪŋ]
Zebrastreifen

zigzag [ˈzɪgzæg]
Zickzack(kurve)

zipper [ˈzɪpəʳ]
Reißverschluss

zoo
[zuː]
Zoo

NATIONS & FLAGS [ˈneɪʃənz ænd flægz] LÄNDER UND FAHNEN

Australia
[ɒsˈtreɪliə] Australien

Austria [ˈɒstriə]
Österreich

Brazil [brəˈzɪl]
Brasilien

Canada
[ˈkænədə] Kanada

China [ˈtʃaɪnə]
China

Czech Republic
[ˌtʃek rɪˈpʌblɪk]
Tschechische Republik

Denmark
[ˈdenmɑ:k]
Dänemark

Egypt [ˈi:dʒɪpt]
Ägypten

Finland [ˈfɪnlənd]
Finnland

France [frɑ:n(t)s]
Frankreich

Germany
[ˈdʒɜ:məni]
Deutschland

Great Britain
[greɪt ˈbrɪtən]
Großbritannien

Greece [gri:s]
Griechenland

Hungary
[ˈhʌŋgəri]
Ungarn

Italy [ˈɪtəli]
Italien

Japan [dʒəˈpæn]
Japan

Netherlands
[ˈneðələn(d)z]
Niederlande

Norway [ˈnɔ:weɪ]
Norwegen

Poland
[ˈpəʊlənd]
Polen

Portugal
[ˈpɔ:tʃəgəl]
Portugal

Russia [ˈrʌʃə]
Russland

Slovakia
[slə(ʊ)ˈvækiə]
Slowakei

Spain [speɪn]
Spanien

Sweden [ˈswi:dən]
Schweden

Switzerland
[ˈswɪtsələnd]
Schweiz

Turkey [ˈtɜ:ki]
Türkei

United States of America
[ju:ˈnaɪtɪd steɪts ɒv əˈmerɪkə]
Vereinigte Staaten von Amerika

north [nɔ:θ] Norden

west
[west]
Westen

east
[i:st]
Osten

south [saʊθ] Süden

PHONETISCHE SYMBOLE

Symbol	gesprochen wie in dem Wort	
æ	black	[blæk]
z	music	[ˈmju:zɪk]
s	mosquito	[mɒsˈki:təʊ]
θ	theatre	[ˈθɪətəʳ]
ð	brother	[ˈbrʌðəʳ]

Symbol	gesprochen wie in dem Wort	
a:	hard	[hɑ:d]
ɜ:	learn	[lɜ:n]
i:	eagle	[ˈi:gl̩]
ɔ:	fall	[fɔ:l]
u:	group	[gru:p]

PRONOUNS [ˈprəʊnaʊnz] PRONOMEN

Personal pronouns [ˈpɜ:sənəl ˈprəʊnaʊnz]
Personalpronomen

ich	I	[aɪ]	wir	we	[wi:]
du, Sie	you	[ju:]	ihr, Sie	you	[ju:]
er	he	[hi:]			
sie	she	[ʃi:]	sie	they	[ðeɪ]
es	it	[ɪt]			

Possessive pronouns [pəˈzesɪv ˈprəʊnaʊnz]
Possessivpronomen

mein	my	[maɪ]	unser	our	[aʊəʳ]
dein, Ihr	your	[jɔ:ʳ]	euer, Ihr	your	[jɔ:ʳ]
sein	his	[hɪs]			
ihr	her	[hɜ:ʳ]	ihr	their	[ðeəʳ]
sein	its	[ɪts]			

USEFUL EXPRESSIONS [ˈju:sfəl ɪkˈspreʃənz] NÜTZLICHE AUSDRÜCKE

a/an	[eɪ, ə/æn, ən]	ein/eine
also	[ˈɔ:lsəʊ]	auch
always	[ˈɔ:lweɪz]	immer
and	[ænd, ənd]	und
at	[æt, ət]	an, bei
each	[i:tʃ]	jede/-r/-s
every	[ˈevri]	jede/-r/-s
from	[frɒm, frəm]	aus, von
if	[ɪf]	wenn, falls
late	[leɪt]	spät, verspätet
near	[nɪəʳ]	nahe
never	[ˈnevəʳ]	nie
nickname	[ˈnɪkneɪm]	Spitzname
no/yes	[nəʊ, nə/jes]	nein/ja
nobody	[ˈnəʊbədi]	niemand, keiner

now	[naʊ]	jetzt
often	[ˈɒfən]	oft, häufig
only	[ˈəʊnli]	nur
or	[ɔ:ʳ]	oder
out	[aʊt]	hinaus, außen, aus
please	[pli:z]	bitte
same	[seɪm]	gleich
so	[səʊ]	so, also
So sorry!	[səʊ ˈsɒri]	Es tut mir sehr leid!
surname	[səʊ ˈsɒri]	Nachname
Thank you!	[ˈθæŋkju]	Danke(schön)!
the	[ðə, ði:, ði]	der/die/das
very	[ˈveri]	sehr
well	[wel]	gut, also

USEFUL VERBS [ˈju:sfəl vɜ:bz]
NÜTZLICHE VERBEN

to buy
[tu baɪ]
kaufen

can [kæn, kən]
können

may [meɪ]
dürfen, können

must [mʌst]
müssen, sollen

to be [tu bi:]
sein

to become [to bɪˈkʌm]
werden

to come [to kʌm]
kommen

to do [tu du:]
machen, tun

to give [tu gɪv]
geben

to know [tu nəʊ]
wissen, kennen

to live [tu lɪv]
leben

to speak [tu spi:k]
sprechen, reden

to stop [tu stɒp]
stoppen, beenden

to tell [tu tel]
erzählen, sagen

to wait for [tu weɪt fɔ:ʳ]
auf jemanden/etwas warten

to have
[tu hæv, həv]
haben

to say
[tu seɪ]
sagen

to see [tu si:]
(an)sehen

to think
[tu θɪŋk]
(nach)denken,
glauben

to want
[tu wɒnt]
(haben) wollen

REGISTER

A

Abend	evening	33
Abendessen	dinner	35
Abenteuer	adventure	7
Abflug	departure	9
Abflugschalter	check-in	9
(Zug-)Abteil	compartment	92
acht	eight	6
achte/-r/-s	eighth	6
Adler	eagle	38
Affe	monkey	14
Afrika	Africa	8
Afrikaner/-in	African	8
Ägypten	Egypt	108
Akkordeon	accordion	70
alkoholfreies Getränk	soft drink	35
allein	alone	11
alles	all	11
also	well	109
alt	old	73
Alter	age	8
Ameise	ant	13
Ampel	traffic light	97
an	on	73
an, bei	at	109
Ananas	pineapple	46
anders, unterschiedlich	different	34
Angst haben, sich fürchten	to be afraid	7
Ankunft	arrival	9
Anorak	anorak	28
antworten	to answer	15
Apfel	apple	46
Aprikose	apricot	46
April	April	68
arbeiten	to work	105
Arm	arm	21
Armaturenbrett	dashboard	25
Armbanduhr	watch	101
Arzt/Ärztin	doctor	76
Astronaut/-in	astronaut	15
attraktiv, gut aussehend	handsome	52
auch	also	109
etwas aufhängen	to hang	52
aufstehen	to get up	48
aufwachen	to wake up	101
Aufzug	lift	64
Auge	eye	21
August	August	68
aus	off	73
aus, von	from	109
(Aus-)Blick, Aussicht	view	100
Ausbruch	eruption	40
Ausdruck	expression	109
Ausgang	exit	40
ausgeben	to spend	88
Auskunft, Information	information	59
Auspuffrohr	exhaust pipe	25
aussteigen	to get off, to get out	48
Australien	Australia	108
Auto	car	25
Axt	axe	15

B

Baby	baby	42
Bäcker/-in	baker	77
Bäckerei	bakery	16
baden	to take a bath	17
Bad(ezimmer)	bathroom	56
Badminton	badminton	91
Bagger	digger	34
Bahnhof	station	92
Bahnhofsvorsteher	stationmaster	92
Bahnsteig	platform	92
Balkon	balcony	56
Ball	ball	16
(Luft-)Ballon	balloon	16
Banane	banana	46
Bandit/-in, Gangster/-in	bandit	16
Bank (Geldinstitut)	bank	16
Bank (Sitzgelegenheit)	bench	18
Bär	bear	13
Bargeld	cash	26
Bart	beard	17
Basilikum	basil	89
Basketball	basketball	90
(Kontra-)Bass	bass	70
Bauch	belly	21
bauen	to build	23
Bauer/Bäuerin	farmer	76
Bauernhof	farm	43
Baum	tree	97
bei	at	109
Bein	leg	21
bekommen, erhalten	to get	48
Berg	mountain	69
bergab, abwärts	downhill	36
Berufe	professions	76
berühmt	famous	43
Bett	bed	17
Bibliothek	library	63
Biene	bee	17
Bier	beer	35
Bild	picture	75
Birne	pear	46
bitte	please	109
Blatt	leaf	63
blau	blue	29
Bleistift	pencil	74
Blinker	indicator	25
Blinkerhebel	indicator switch	25
Blockflöte	fipple flute	70
blond	blond	19
blühen	to bloom	20
Blumen	flowers	44
Blumenkohl	cauliflower	99
Blut	blood	19
Blüte	blossom	20
(Fuß-)Boden	floor	56
Boot	boat	20
böse	bad	16
Boxen	boxing	91
Brasilien	Brazil	108
braun	brown	29
Braut	bride	23
Bräutigam	groom	23
Bremse	brake	19, 25
Bremslicht	brake light	25
(ver)brennen	to burn	23
Brett	board	20
Brief	letter	63
Briefmarke	stamp	92
Briefumschlag	envelope	40

Brille	glasses	49
Brokkoli	broccoli	99
Brombeere	blackberry	46
Brot	bread	22
Brötchen	rolls	22
Brücke	bridge	23
Bruder	brother	42
Brustkorb	chest	21
Buch	book	22
Bug	bow	20
Burg	castle	26
Büro	office	73
Bürste	brush	23
Bus	bus	23
Butter	butter	22

C

China	China	108
Computer	computer	30
Cousin/-e	cousin	42
Cowboy	cowboy	31

D

da, dort	there	95
Dach	roof	25, 56
Dachboden	attic	56
Dänemark	Denmark	108
Danke(schön)!	Thank you!	109
Daumen	thumb	21
(Bett-)Decke	blanket	56
dein	your	109
Delfin	dolphin	36
(nach)denken, glauben	to think	110
der/die/das	the	109
der/die/das, jene/-r/-s	that	95
Deutschland	Germany	108
Dezember	December	68
dick, fett	fat	43
Dienstag	Tuesday	102
diese *(pl)*	these	95
diese, jene *(pl)*	those	95
diese/-r/-s	this	95
Dinosaurier	dinosaur	36
Donnerstag	Thursday	102
Dorf	village	100
Drache	dragon	36
drei	three	6
dritte/-r/-s	third	6
du	you	109
Duett, Duo	duet	37
dunkel, düster	dark	32
dürfen, können	may	110
Durst haben	to be thirsty	96
Dusche	shower	85

E

Echo	echo	39
Ehefrau	wife	42
Ehemann	husband	42
Ei	egg	22
Eichhörnchen	squirrel	13
einfach, leicht	easy	38
Eingang, Eintritt	entrance	40
einhundert	one hundred	6
eins	one	6

einsteigen	to get in, to get on	48
eintausend	one thousand	6
Eis	ice	58
Eiscreme	ice cream	58
Eishockey	ice hockey	91
Eiskunstlauf	figure-skating	91
Eisschnelllauf	speed skating	91
Eiszapfen	icicle	58
Elefant	elephant	14
elegant	elegant	39
Elfe	elf	39
Ellenbogen	elbow	21
Eltern	parents	42
Ende	end	39
Engel	angel	11
das englische Alphabet	the English alphabet	6
Enkelkinder	grandchildren	42
Ente	duck	12
er	he	109
Erbsen	peas	99
Erdbeere	strawberry	46
Erde	earth	38
Erkältung	cold	29
erröten	to blush	20
erste/-r/-s	first	6
Erwachsene/-r	adult	7
erzählen, sagen	to tell	110
es	it	109
Es tut mir sehr leid!	So sorry!	109
Esel	donkey	12
Eskimo/-frau	Eskimo	40
Essen	food	45
essen	to eat	38
Essen, Mahlzeit	meal	67
Esszimmer	dining room	56
euer	your	109
Eule	owl	13
Experiment, Versuch	experiment	40

F

Fabrik	factory	41
Fahne	flag	108
fahren	to drive	37
Fahrgestell	landing gear	10
(Fahr-)Karte	ticket	92
Fahrkartenschalter	ticket window	92
Fahrplan	timetable	92
Fahrrad	bicycle	19
Fahrradkette	chain	19
Fahrradlampe	light	19
Fahrradlenker	handlebar	19
Fahrzeug	vehicle	100
fallen, stürzen	to fall	41
falls	if	109
Fallschirm	parachute	74
falsch	false	41
Familie	family	42
fangen	to catch	26
Farben	colours	29
Farbstift	pencil	74
faul	lazy	63
Februar	February	68
Feder	feather	43
fehlen, abwesend sein	to be absent	7
Feier	party	74
feiern	to celebrate	26
Feilchen	violet	44
Fels(en)	rock	81
Fenster	window	56, 104

Ferien	holiday, vacation	55, 99
Ferse	heel	21
Feuer	fire	43
Feuerwehrmann/ -frau	fireman/-woman	76
Finger	finger	21
Fingernagel	nail	71
Finnland	Finland	108
Fisch	fish	13, 35
Flasche	bottle	22
fliegen	to fly	45
Floorball, Unihockey	floorball	91
Floß	raft	80
Flugberatung	flight information	9
Flugdeck	flight deck	10
Flügel	wing	10, 104
Fluggasttreppe	passenger stairs	9
Flughafen	airport	9, 10
Flugsteig	gate	9
Flugzeug	airplane	10
Flugzeughalle	hangar	10
Flugzeugnase	nose	10
Flugzeugrumpf	fuselage	10
Flur	hall	56
Fluss	river	81
folgen	to follow	45
(Foto-)Album	album	11
Foto(grafie)	photograph	75
Frage	question	79
fragen	to ask	15
Frankreich	France	108
Frau	woman	105
Freitag	Friday	102
Freund/-in	friend	45
freundlich	kind	61
Friseur/-in	hairdresser	76
Frosch	frog	13
Fruchtsaft	fruit juice	35
früh	early	38
Frühling	spring	68
Frühstück	breakfast	22
Fuchs	fox	13
Füller	pen	74
Füllung	stuffing	35
fünf	five	6
fünfte/-r/-s	fifth	6
Fuß	foot	21
Fußball	soccer, football	90
(Fuß-)Knöchel	ankle	21
Fußmatte	doormat	56

G

Gabel, Mistgabel	fork	45
Gangschaltung	gear shift	25
Gans	goose	12
Gänseblümchen	daisy	44
Garage	garage	47
Garten	garden	47
Gaspedal	accelerator	25
Gast	guest	51
geben	to give	110
Geburtstag	birthday	19
Gefahr	danger	32
Gefängnis	jail	60
gegen	against	8
gehen	to go	49
hinaufgehen	to go up	49
hinausgehen	to go out	49
hineingehen	to go in	49
hinuntergehen	to go down	49
(spazieren) gehen	to walk	101
Geige	violin	70
Geist	ghost	48

gelb	yellow	29
Geld	money	67
Geldbeutel	purse	28
Gemeine Wegwarte, Zichorie	chicory	44
Gemüse	vegetables	99
genießen	to enjoy	39
Gepäck-aufbewahrung	check room	92
Gepäckausgabe	baggage claim	9
Geschenk	gift, present	48, 75
geschlossen	closed	73
Gesicht	face	41
gestern	yesterday	102
gesund	healthy	53
gewinnen	to win	104
Gewürze	spices	89
Giraffe	giraffe	14
Gitarre	guitar	70
Glas	glass	49
Glas(gefäß)	jar	60
Glasscheibe	glass	49
gleich	same	109
Glocke	bell	18
Glockenblume	harebell	44
glücklich	happy, lucky	52, 65
Gold	gold	50
Golf	golf	90
Grab	grave	50
Gras	grass	50
Griechenland	Greece	108
grillen	grill	51
Grippe	flu	45
groß	big, tall	19, 94
Großbritannien	Great Britain	108
Großeltern	grandparents	42
Großmutter	grandmother	42
Großvater	grandfather	42
grün	green	29
Grundzahl	cardinal number	6
Gruppe	group	51
(be)grüßen	to greet	50
Gurke	cucumber	99
Gürtel	belt	18
gut	good	50
gut *(adv)*	well	109

H

Haar	hair	21
Haarbürste	hairbrush	52
haben	to have	110
Hafen	harbour, port	53, 75
Hahn	rooster, cock	12
Hälfte	half	52
Hallo/ Auf Wiedersehen	hello/goodbye	54
Hals	neck	21
(Hals-)Kette	necklace	72
(fest)halten	to hold	55
Hamburger	hamburger	65
Hammer	hammer	52
Hamster	hamster	52
Hand	hand	21
Handbremse	hand brake	25
Handfeger	brush	23
Handgepäck	carry-on luggage	10
Handschuhe	gloves	28
Handschuhfach	glove compartment	25
Handtuch	towel	97
Harfe	harp	70
hart, fest	hard	53
hässlich	ugly	98
Haus	house	56

Haus-/Nutztiere	domestic animals	12
Haustür	front door	56
Haut	skin	21
Heck	stern	20
Heckfenster	rear window	25
Heft	exercise book	40
Heidelbeere	blueberry	46
heiß	hot	55
helfen	to help	54
(Schutz-)Helm	helmet	19
Herbst	autumn	68
Herz	heart	53
heute	today	102
Hexe	witch	105
hier	here	95
Himbeere	raspberry	46
Himmel	heaven, sky	53, 86
hinab, nach unten	down	36
hinauf, nach oben	up	98
hinaus, außen, aus	out	109
hinter	behind	18
hinzufügen, dazugeben	to add	7
Hirsch	deer	13
Hitze, Wärme	heat	53
hoch	high	54
Höcker	hump	57
Höhenruder	tail	10
Hölle	hell	54
Holz	wood	105
Honig	honey	22
hören	to hear	53
Hose	pants, trousers	28
Hosentasche	pocket	28
Hotdog	hot dog	65
Hotel	hotel	55
Hubschrauber	helicopter	54
Hügel, Berg	hill	55
Huhn, Henne	hen	12
Hühnchen, Hähnchen	chicken	35
Hund	dog	12
hungrig	hungry	57
Hupe	horn	25
Hut, Mütze	hat	28
Hütte	hut, cottage	57

I

ich	I	109
Igel	hedgehog	13
Iglu	igloo	58
ihr	you	109
ihr *(f, sg)*	her	109
ihr *(pl)*	their	109
Ihr *(sg und pl)*	your	109
immer	always	109
in	in	58
Indianer/-in	Indian	59
innen	inside	58
Insel	island	59
Italien	Italy	108

J

ja	yes	109
Jacke	jacket	60
Jäger	hunter	57
Jahr	year	106
Jahreszeiten	seasons	68
Januar	January	68
Japan	Japan	108

Jeans	jeans	28
jede/-r/-s	each, every	109
jetzt	now	109
Job, Beruf	job	60
Joghurt	yogurt	106
Juli	July	68
jung	young	106
Junge	boy	22
Juni	June	68
Juwel	gem	47

K

Käfer	beetle	17
Kaffee	coffee	35
Kalender	calendar	24
kalt, kühl	cold	29
Kälte	cold	29
Kamel	camel	24
Kamera	camera	24
Kamm	comb	30
Kanada	Canada	108
Känguru	kangaroo	14
Kaninchen	rabbit	12
Kanu	canoe	24
Kappe	cap	24
Kartenspiel	cards	26
Kartoffelbrei	mashed potatoes	35
Kartoffeln	potatoes	35
Käse	cheese	22
Kastanie	chestnut	27
Katze	cat	12
kaufen	to buy	110
Kekse, Plätzchen	cookies	65
kennen	to know	110
Kerze	candle	24
Kind/Kinder	child/children	27
Kindermädchen	nanny	71
Kinn	chin	21
Kino	cinema	27
Kirche	church	27
Kirsche	cherry	46
Klassenzimmer	classroom	27
Klatschmohn	corn-poppy	44
Kleidung	clothes	28
klein	little, small	64, 86
klein, kurz	short	85
Kleingeld	change	27
Klempner/-in	plumber	77
Klimaanlage	air conditioning	25
klopfen	to knock	61
Klöße	dumplings	35
Knie	knee	21
Knoblauch	garlic	89
Knochen	bone	22
Knopf	button	23
Koch/Köchin	cook	76
kochen	to cook	30
Koffer	suitcase	93
Kofferraum	trunk, boot	25
Kohl	cabbage	99
Kohlrabi	kohlrabi	99
Kokosnuss	coconut	29
Komet	comet	30
kommen	to come	110
König	king	61
Königin	queen	79
königlich	royal	82
können	can	110
Kontrollturm, Tower	control tower	10
Konzert	concert	30
Kopf	head	21
(Kopf-)Kissen	pillow	75

Korb	basket	17
Körper	body	21
Kostüm	costume	30
krank	ill, sick	58, 85
Krankenhaus	hospital	55
Krankenschwester/ -pfleger	nurse/male nurse	76
Krankenwagen	ambulance	11
Kräuter	herbs	89
Krawatte	tie	96
Küche	kitchen	56
Kuchen	pie	22
Kugelschreiber	pen	74
Kuh	cow	12
Kühlschrank	refrigerator	56
Kümmel	caraway	89
Künstler/-in	artist	77
Kupplung	clutch	25
kurz	short	85
Kuss	kiss	61

L

Labyrinth, Irrgarten	maze	67
lächeln	to smile	87
lachen	to laugh	62
Laden	shop	85
Lamm	lamb	62
Lampe	lamp	56, 62
Land	country	31
Landhaus, Häuschen, Hütte	cottage	31
(Land-)Karte	map	67
lang	long	65
langsam	slow	86
Lärm	noise	72
Laufen, Rennen	running	90
laufen, rennen	to run	82
irgendwohin laufen	to run to	82
hinter jemandem herlaufen	to run after	82
um etwas herumlaufen	to run around	82
weglaufen	to run away	82
leben	to live	110
leer	empty	39
Lehrer/-in	teacher	77
leicht	light	64
leise	quiet	79
Leiter	ladder	62
Lenkrad	steering wheel	25
lernen	to learn	63
lesen	to read	80
Licht	light	64
lieb, teuer	dear	34
Liebe	love	65
Lied	song	88
Lilie	lily	44
Limette	lime	46
(Zitronen-)Limonade	lemonade	63
links	left	63
Lippen	lips	64
Loch	hole	55
lockig	curly	31
Löffel	spoon	89
Löwe	lion	14
Löwenzahn	dandelion	32

M

machen, herstellen	to make	66

machen, tun	to do	110
Mädchen	girl	49
Mai	May	68
Maler/-in	painter	77
Mann	man	66
Mantel	coat	28
Märchen	fairy tale	41
Margerite	ox-eye daisy	44
Marienkäfer	ladybird	62
Marmelade	jam	22
März	March	68
Maschine	machine	66
Matrose/-in	sailor	76
Mauer	wall	101
Maus	mouse	13
Medikamente	medicine	67
Meer	sea	84
mein	my	109
Melone	melon	46
Messer	knife	61
Metzger/-in	butcher	77
Milch	milk	22
eine Million	one million	6
Mineralwasser	mineral water	65
Minze	mint	89
mit	with	104
Mittag	noon	33
Mittagessen	lunch	65
Mitte	centre	26
Mitternacht	midnight	33
Mittwoch	Wednesday	102
mögen	to like	64
Möhre, Karotte	carrot	99
Monate	months	68
Mond	moon	69
Montag	Monday	102
morgen	tomorrow	102
Morgen, Vormittag	morning	33
Motor	motor, engine	20, 25
Motorhaube	hood, bonnet	25
Motorrad	motorcycle	69
müde	tired	96
Müll	garbage	47
Mund	mouth	21
Mundharmonika	harmonica	70
Muschel, Gehäuse, Schale	shell	85
Musik	music	69
Musiker/-in	musician	77
Musikinstrumente	musical instruments	70
muskulös	muscled	69
müssen, sollen	must	110
Mutter	mother	42

N

nach(her), später	after	8
Nachmittag	afternoon	33
Nachname	surname	109
Nachricht	message	67
Nacht	night	33
Nachtisch	dessert	35
Nadel	needle	72
Nagel	nail	71
nahe	near	109
Name	name	71
Nase	nose	21
nass	wet	103
Natur	nature	71
neben	beside	18
Neffe	nephew	42
nehmen	to take	94
herunternehmen	to get down	48
nein	no	109

Nest	nest	72
neu	new	72
neun	nine	6
neunte/-r/-s	ninth	6
Nichte	niece	42
nichts	nothing	72
nie	never	109
Niederlande	Netherlands	108
niemand, keiner	nobody	109
Norden	north	108
Norwegen	Norway	108
November	November	68
Nudeln	pasta	35
null	zero	6
Nummernschild	license, number plate	25
nur	only	109
Nuss	nut	72
nützlich	useful	109, 110

O

Obst	fruit	46
oder	or	109
offen	open	73
oft, häufig	often	109
ohne	without	104
Ohr	ear	21
Ohrring	earring	38
Oktober	October	68
Oma	granny	50
Onkel	uncle	42
orange	orange	29
Orange	orange	46
Ordnungszahl	ordinal number	6
Oregano	oregano	89
Osten	east	108
Osterglocke	daffodil	44
Ostern	Easter	38
Österreich	Austria	108
Ozean	ocean	73

P

Panda	panda	14
Papagei	parrot	14
Papier	paper	74
Paprika	pepper	99
Parfüm, Duft	scent	83
Park	park	74
Passkontrolle	passport control	9
Pedal	pedal	19
Personalpronomen	personal pronouns	109
Petersilie	parsley	89
Pfeffer	pepper	89
Pferd	horse	12
Pfingstrose	peony	44
Pfirsich	peach	46
Pflaume	plum	46
Piano, Klavier	upright piano	70
Pilot/-in	pilot	9
Pilz	mushroom	69
Pinguin	penguin	14
Pinsel	brush	23
Pizza	pizza	65
Platz	square	92
freier Platz	vacancy	99
Po	bottom	21
Polen	Poland	108
Polizist/-in	policeman/-woman	76
Pommes frites	French fries	35, 65
Portugal	Portugal	108

Posaune trombone 70
Possessivpronomen possessive pronouns 109
Post mail 66
Postbote/-in postman/-woman 76
Preis award 15
Pronomen pronoun 109
Pullover sweater 28
Puzzle puzzle 78
Pyramide pyramid 78

Q

Querflöte flute 70

R

Rad wheel 19
Radar radar 10
Radfahren cycling 90
Radiergummi rubber 82
Radio radio 25, 80
Rahmen frame 19
Rasen lawn 62
Rasenmäher mower 69
(sich) rasieren to shave 84
Rauch smoke 87
Raumschiff spaceship 88
Raupe caterpillar 26
rechts right 81
Reflektor, Rückstrahler reflector 19
Regen rain 80
Regenbogen rainbow 80
Regenrinne rain gutter 56
Regenschirm umbrella 98
reich rich 81
Reifen tyre 19
Reis rice 35
reisen to travel 97
Reißverschluss zipper 107
Reiten riding 90
Rennen race 80
Restaurant restaurant 81
Richter/-in judge 60
riechen, duften to smell 87
Rindfleisch beef 35
Ring ring 81
Rock skirt 28
Röntgen(bild) X-ray 106
rosa pink 29
Rose rose 44
rot red 29
Rücken back 21
Rücksitz back seat 25
Rückspiegel rear-view mirror 25
Ruder oar, rudder 20
Rudern rowing 91
(an)rufen to call 24
Russland Russia 108

S

sagen to say 110
Salat salad 35
Salz salt 89
Samstag Saturday 102
Sand sand 83
sanft, behutsam gently 47
Sänger/-in singer 77

Sattel	seat	19
sauber	clean	36
sauer	sour	88
Saxophon	saxophone	70
(be)schädigen	to damage	32
Schaf	sheep	12
Schaffner/-in	ticket collector	92
Schal	muffler, scarf	28
scharf	hot	55
Schatz	treasure	97
Schauspieler/-in	actor/actress	77
Scheibenwischer	wiper	25
Scheinwerfer	headlight	25
Schere	scissors	84
schicken	to send	84
schieben	to push	78
Schiff	ship	85
Schiffsrumpf, Schiffskörper	hull	20
Schinken	ham	22
schlafen	to be asleep, to sleep	15, 86
Schlafzimmer	bedroom	56
Schlange (Warteschlange)	queue	79
Schlange (Tier)	snake	87
Schlauchboot	raft	80
schlecht	bad	16
Schlittschuhlaufen	to skate	86
Schloss	castle	26
Schlüssel	key	61
Schmetterling	butterfly	23
schmutzig	dirty	36
Schnecke	snail	87
Schnee	snow	87
Schneeflocke	snowflake	87
Schneeglöckchen	snowdrop	44
Schneemann	snowman	88

schneiden	to cut	31
schnell	fast, quick	43, 79
Schnittlauch	chives	89
Schokolade	chocolate	27
schön	beautiful	17
Schornstein	chimney	56
Schraube	screw	84
schreiben	to write	105
Schreibtisch	desk	34
schreien, laut rufen	to shout	85
Schriftsteller/-in	writer	77
Schuhe	shoes	28
Schule	school	83
Schüler/-in	pupil	78
Schulter	shoulder	21
Schutzblech	fender	19
Schwamm	sponge	89
Schwanz	tail	94
schwarz	black	29
Schweden	Sweden	108
Schwein	pig	12
Schweinefleisch	pork	35
Schweiz	Switzerland	108
schwer	heavy	53
schwer, schwierig, beschwerlich	difficult	34
Schwester	sister	42
Schwimmen	swimming	90
Schwimmweste	life jacket	63
sechs	six	6
sechste/-r/-s	sixth	6
See	lake	62
Seehund	seal	84
Segel	sail	83
(an)sehen	to see	110
sehr	very	109
Seife	soap	88
Seil	rope	81

sein	to be	110
sein *(pron, m)*	his	109
sein *(pron, nt)*	its	109
Seite	page	74
Seitenruder	rudder	10
Seitenspiegel	side mirror	25
September	September	68
Serviette	napkin	71
Sessel	armchair	15
Shampoo	shampoo	84
Shorts, kurze Hose	shorts	28
Sicherheitsgurt	seat-belt	10
Sicherheitskontrolle	security check	9
sie *(f, sg)*	she	109
sie *(pl)*	they	109
Sie *(sg und pl)*	you	109
sieben	seven	6
siebte/-r/-s	seventh	6
Sieg	victory	100
singen	to sing	86
sitzen, sich (hin)setzen	to sit down	86
Sitzplatz	seat	10
Skifahren	skiing	91
Skulptur	sculpture	84
Slowakei	Slovakia	108
so, also	so	109
Socken	socks	28
Sofa	sofa	56
Sohn	son	42
Soldat/-in	soldier	76
Sommer	summer	68
Sonne	sun	93
Sonnenaufgang	sunrise	33
Sonnenblume	sunflower	44
Sonnenuntergang	sunset	33
Sonntag	Sunday	102
Spanien	Spain	108

sparen, aufheben	to save	83
spät, verspätet	late	109
Speichen	spokes	19
Spiegel	mirror	67
Spiel	game	47
spielen	to play	75
Spielzeug	toy	97
Spinne	spider	89
spinnen	to spin	89
Spitzname	nickname	109
Sport(arten)	sports	90
sprechen, reden	to speak	110
springen	to jump	60
Spritze	injection	59
Staat, Nation, Land	nation	71
Stachelbeere	gooseberry	46
Stadt	town	97
stark	strong	93
(Stau-)Damm	dam	32
Stechmücke	mosquito	69
Steppdecke	quilt	79
Stern	star	92
(Steuer-)Ruder	rudder	20
Stewardess	stewardess	9
Stiefel	boots	28
Stimme	voice	100
stolz	proud	78
stoppen, beenden	to stop	110
Stoßstange	bumper	25
Strand	beach	17
Straße	road, street	81, 93
Strom, Elektrizität	electricity	39
Strümpfe	stockings	29
Student/-in	student	93
Stuhl	chair	56
Süden	south	108
Suppe	soup	35

Surfen	surfing	91
Süßigkeit(en)	sweet	93

T

Tachometer	speedometer	25
Tag	day	33
Tageszeitung	daily	32
täglich	daily	32
Tal	valley	99
Tante	aunt	42
tanzen	to dance	32
Tänzer/-in	dancer	77
Tasche	bag	16
Taschentuch	handkerchief	29
Taschenuhr	watch	101
Tasse	cup	31
tauchen, einen Kopfsprung machen	to dive	36
Taxi	taxi	94
Tee	tea	22
(Tee-)Kessel	kettle	61
Telefon	telephone	94
Teller	plate	75
Temperatur	temperature	95
Tennis	tennis	90
Teppich	carpet	56
Teufel	devil	34
Theater	theatre	95
Thymian	thyme	89
Tierarzt/-ärztin	vet	76
Tiere	animals	12, 13, 14
Tiger	tiger	14
Tintenfisch	octopus	14
Tisch	table	56
Tischdecke	tablecloth	94
Tischtennis	table tennis	90
Toast	toasts	65
Tochter	daughter	42
Tomate	tomato	99
Tomatensoße	tomato sauce	35
Tor	gate	47
Tor (im Sport)	goal	50
Torte	cake	35
tot	dead	34
(etwas) tragen, anhaben	to wear	102
trainieren, üben	to exercise	40
Traum	dream	37
traurig	sad	83
(jemanden zufällig) treffen	to run across	82
Treibstofftank	fuel tank	25
Treppenhaus	staircase	56
Triangel	triangle	70
trinken	to drink	37
trocken	dry	37
Trommel	drum	37
Trompete	trumpet	70
Tropfen	drop	37
Truthahn, Pute	turkey	35
Tschechische Republik	Czech Republic	108
T-Shirt	T-shirt	28
Tuch, Schal	scarf	28
Tulpe	tulip	44
Tür	door	36
Türgriff	door-handle	25
Türkei	Turkey	108
Turnen	gymnastics	51, 91
Turnschuhe	sneakers	28, 87
Türschloss	door lock	25

U

überfahren	to run over	82
überqueren	to cross	31
Überraschung	surprise	93
U-Boot	submarine	93
und	and	109
Unfall	accident	7
Ungarn	Hungary	108
unglücklich	unhappy	98
Unordnung	mess	67
unser	our	109
unter	under	98
unter, unten	below	18
Unterhaltung	conversation	30
Unterwäsche	underwear	98
Urlaub	holiday, vacation	55, 99

V

Vater	father	42
Vegetarier/-in	vegetarian	100
Verb	verb	110
Vereinigte Staaten von Amerika	United States of America	108
vergessen	to forget	45
Verkäufer/-in	shop assistant	77
(Verkehrs-)Schild, Zeichen	sign	85
Verletzung	injury	59
verlieren	to lose	104
versprechen, schwören	to promise	78
verstecken	to hide	54
verstehen	to understand	98
Verwandte	relatives	80
verwelken, ausbleichen, verblassen	to fade	41
viel	much	66
viele	many	66
vier	four	6
vierte/-r/-s	fourth	6
Viertel	quarter	79
violett	purple	29
Vogel	bird	13
Vokabeln	vocabulary	100
voll	full	39
Volleyball	volleyball	90
von	from	109
vor	in front of	58
Vordersitz	front seat	25
Vulkan	volcano	100

W

Waage	scales	83
wach sein	to be awake	15
Wache	guard	51
wachsen	to grow	51
Waffe, Kanone	gun	51
Wal	whale	14
Wald	wood	105
Wand	wall	101
Wann?	When?	103
(auf jemanden etwas) warten	to wait for	110
Wartesaal	waiting room	92
Warum? Weil …	Why? Because…	103
Was ist das?	What is it?	103
waschen	to wash	101
Waschmaschine	washing machine	56

Wasserfall	waterfall	101
Wasserkocher	kettle	61
Wechselgeld	change	27
wechseln	to change	27
Wecker	alarm clock	11
weich	soft	88
Weihnachten	Xmas	106
Wein	wine	35
weinen	to cry	31
(Wein-)Trauben	grapes	46
weiß	white	29
weit	far	43
Welche/-r/-s?	Which?	103
Welle	wave	101
Welpe	puppy	78
Welt	world	105
wenn	if	109
Wer ist das?	Who is it?	103
werden	to become	110
Werkstatt	garage	47
Westen	west	108
Wettbewerb, Wettkampf	competition	30
Wetter	weather	102
wie	how	57
Wie alt bist du/ sind Sie?	How old are you?	57
Wie geht es dir/ Ihnen?	How are you?	57
Wie viel?	How much?	57
Wie viele?	How many?	57
wild	wild	13
Wildschwein	boar	13
willkommen	welcome	103
Wind	wind	104
Windjacke	windbreaker	28
Windschutzscheibe	windscreen	25
Winter	winter	68
Wintermantel	overcoat	28
wir	we	109
Wirbelsäule	spine	21
wissen	to know	110
Witz, Spaß	joke	60
Wo?	Where?	103
Woche	week	102
Wohnzimmer	living room	56
Wolf	wolf	13
Wolke	cloud	29
Wolkenkratzer	skyscraper	86
(haben) wollen	to want	110
Wort	word	105
Wunsch	wish	104
Wüste	desert	34
wütend	angry	11

X

Xylofon	xylophone	106

Z

Zahlen	numbers	6
Zahnarzt/-ärztin	dentist	76
Zahnbürste	toothbrush	96
Zahnpasta	toothpaste	96
Zebra	zebra	14
Zebrastreifen	zebra crossing	107
Zehe	toe	21
zehn	ten	6
zehnte/-r/-s	tenth	6
zeichnen	to draw	37
Zeit	time	96

Zeitschrift	magazine	66
Zeitung	newspaper	72
Zickzack(kurve)	zigzag	107
Ziege	goat	12
ziehen	to pull	78
Ziel	goal	50
Zitrone	lemon	46
Zoo	zoo	14, 107
Zucker	sugar	35
Zug	train	92
Zuhause, Haus	home	55
zuhören	to listen	64
Zunge	tongue	96
zusammen, gemeinsam	together	96
zwei	two	6
zweite/-r/-s	second	6
Zwiebel	onion	99
Zwillinge	twins	97
zwischen	between	18

Liste der Abkürzungen

adv	Adverb
f	Femininum
m	Maskulinum
nt	Neutrum
pl	Plural
pron	Pronomen
sg	Singular